职业教育新能源汽车专业"十三五"规划教材

新能源汽车电气技术

主　编　吴书龙　何宇漾
副主编　袁红军　侯志华
主　审　顾明珠

机械工业出版社

《新能源汽车电气技术》包括5个学习项目，分别介绍了新能源汽车电路识图、整车控制网络系统、电动助力转向系统、暖风和空调系统以及充电技术。本书注重理实一体和案例解析导入，实用性强、贴合企业工作实际，并整合了移动多媒体技术，在学习资料文本旁设置二维码，读者使用智能手机进行扫描，便可观看与教学材料相关的多媒体内容。

本书可作为职业院校新能源汽车、汽车维修等专业的教学用书，也可作为汽车企业的培训资料，还可作为对新能源汽车感兴趣的大众读者了解新能源汽车电气技术的专业读物。

图书在版编目（CIP）数据

新能源汽车电气技术 / 吴书龙，何宇漾主编 . —北京：机械工业出版社，2018.6（2025.2 重印）
职业教育新能源汽车专业"十三五"规划教材
ISBN 978-7-111-60017-6

Ⅰ. ①新… Ⅱ. ①吴… ②何… Ⅲ. ①新能源 – 汽车 – 电气系统 – 职业教育 – 教材　Ⅳ. ①U469.7

中国版本图书馆 CIP 数据核字（2018）第 109201 号

机械工业出版社（北京市百万庄大街22号　邮政编码100037）
策划编辑：杜凡如　　　　　责任编辑：杜凡如　孟　阳
责任校对：刘秀芝　王明欣　封面设计：马精明
责任印制：郜　敏
中煤（北京）印务有限公司印刷
2025年2月第1版第25次印刷
184mm×260mm · 13.75 印张 · 341 千字
标准书号：ISBN 978-7-111-60017-6
定价：35.00元

电话服务　　　　　　　　网络服务
客服电话：010-88361066　机　工　官　网：www.cmpbook.com
　　　　　010-88379833　机　工　官　博：weibo.com/cmp1952
　　　　　010-68326294　金　书　网：www.golden-book.com
封底无防伪标均为盗版　机工教育服务网：www.cmpedu.com

职业教育新能源汽车专业"十三五"规划教材指导委员会

主任

郑丽梅　全国机械教育教学指导委员会

副主任

（排名不分先后）

陈旭明　比亚迪汽车工业有限公司
吴立新　行云新能科技（深圳）有限公司
朱　军　中国汽车工程学会应用与服务分会
韩建保　北京理工大学机械与车辆学院
张珉豪　国家开放大学福建分院
李春明　长春汽车工业高等专科学校

委员

（排名不分先后）

吴书龙	申荣卫	董铸荣	朱文韬	文爱民	戴良鸿
占百春	姚博翰	吴东平	向　东	阙广武	朱汉楼
陆春其	谢可平	张文华	李正国	王立刚	王　蔚
单立新	张利军	简玉麟	曾　鑫	陈署红	李志国
陈文军	毛行静	陈道齐	葛长兴	陈　胜	刘亚青
虞伟良	蒋振世	王福忠	陈其生	黄文进	蒋志伟

职业教育新能源汽车专业"十三五"规划教材编委会

主审	顾明珠　江苏联合职业技术学院（无锡汽车工程分院）
主编	吴书龙　江苏联合职业技术学院（无锡汽车工程分院） 何宇漾　江苏信息职业技术学院
副主编	袁红军　江苏信息职业技术学院 侯志华　湖南汽车工程职业学院
参编成员	（排名不分先后） 罗正海　武汉技师学院 陈　建　广西机电技师学院 卜乔生　广西机电技师学院 陆镇桓　佛山市顺德区郑敬诒职业技术学校 张亚琛　深圳职业技术学院 韦孟洲　广西工业职业技术学院 王仕雄　宣城职业技术学院 陈建军　重庆巴南职业教育中心 李　能　广西机电职业技术学院 杨　旭　广州工贸技师学院 李秀全　泉州泉中职业中专学校 童大权　湖南汽车工程职业学校 邱晨曦　福州职业技术学院

序

2015年，我国新能源汽车的产量超越美国，成为世界第一大新能源汽车生产国，如今新能源汽车的保有量也已经突破百万辆。随之而来将是新能源汽车后市场的迅速崛起，面对这样的局面，我国新能源汽车后市场将会发生深刻变化，如何快速培养新能源汽车前后市场的技能人才，使其与汽车技术的发展相适应，已经成为刻不容缓的紧迫任务。

行云新能科技（深圳）有限公司在全国机械教育教学指导委员会的指导下，依托深圳比亚迪汽车公司的技术支持，近年来面向汽车职业教育开展了一系列新能源汽车的竞赛和教师培训工作，在推动我国汽车职业教育向新能源汽车转型方面取得了丰硕成果。去年，我应吴立新总经理的邀请，笔者在深圳参加了由机械工业出版社牵头，行云新能组织、比亚迪汽车公司技术支持，全国数十所中高职汽车职业院校老师参与的新能源汽车职业教育教材编写启动会议，确定了以工作任务为主线、以教会学生如何工作为目标、以国内新能源汽车技术的领跑者比亚迪汽车为基础的教材编写工作。此次会议上，笔者向与会老师们介绍了中国汽车工程学会与中国职业教育技术学会合作成立的中国汽车职教集团提出的，新能源汽车专业课程可以我国新能源汽车发展技术路线中的"三纵三横"为基础构建，以教学实验导入的新能源汽车专业知识，及以工作任务导入的新能源汽车实训技能为体系。

一、新能源汽车专业课程体系的构建依据

我国新能源汽车发展以"三纵三横"为技术路线。"三纵"指纯电动、插电式混合动力及氢燃料电池三种新能源汽车。"三横"指电机、电池、电子控制三大核心系统。"三纵三横"既包括了我国定义的三种新能源汽车，又包含了新能源汽车的核心技术系统。因此，职业教育新能源汽车专业可以"三纵三横"为基础来构建新能源汽车专业的课程体系。这就是说，新能源汽车课程首先要讲清楚纯电动、插电式混合动力及氢燃料电池三种汽车的整体结构原理及维修诊断方法。其中，结构原理可在新能源汽车概论中阐述，而纯电动汽车、插电式混合动力汽车和氢燃料电池汽车还应有实训工作页配合实操作业教学。另外，还要讲解动力电池、电机及电子控制三个关键系统的结构原理的维修诊断方法，通常有驱动电机及控制系统、动力电池及管理系统、新能源汽车充电系统的结构原理和维修诊断实训工作页教学。

二、新能源汽车专业教学方法探讨

相对传统能源汽车专业而言，新能源汽车专业最突出的特点是从机械工程向电气工程转变，从热机向电机转变，从燃料向动力电池转变，这样的转变对汽车职业教育专业而言更是学习思路从形象思维向逻辑思维的转变，大量的电气电子、电机电控、动力电池管理等控制问题与传统汽车发动机底盘机构的机械原理与控制相比，具有更明显的抽象逻辑思维特征，这将会成为新能源汽车专业在职业教育领域的教学难点。

因此我们提出以教学实验的方法导入专业理论知识体系的教学思路，用形象的实验教学解决抽象逻辑分析不易理解的难点。这才是汽车职业教育面对新能源汽车挑战的最好解决办法。因此，新能源汽车专业的理论知识必须基于实验方法进行设计，每个理论知识点的教学都应先设计出相应的实验教学平台，其课程体系应完整地构建在相对应的实验设备平台之上。只有这样才能真正做到将抽象的理论知识教学变成形象的实验方式教学，使学生更好地理解新能源汽车专业理论知识，指导学生深刻认识并运用新能源汽车专业知识，解决新能源汽车在汽车前后市场的运用与实践问题。

几个月过去了，当我拿到这套教材的初稿时，我欣慰地发现它们在新能源汽车"三纵三横"的课程设计中充分体现了教学实验导入的专业知识体系和工作任务导入的实训技能体系。这套教材在比亚迪汽车公司的技术支持下，以一个新能源汽车生产企业的主流车系完整实现了新能源汽车"三纵"之中纯电动和插电式混动汽车两大实车教学平台的嵌入，加上比亚迪汽车公司独立自主的动力电池技术，很好地解决了"三横"之中核心部件动力电池技术的教学问题。

随着新能源汽车在我国的迅速发展，职业教育必将承担起新能源汽车前后市场技能人才的培养重任，我国汽车工业"双积分"政策实施后，会有更多汽车制造企业加入到新能源汽车的生产行列中。因此，传统汽车专业要开设新能源汽车技术课程，形成传统汽车专业新能源方向的教学课程体系，而新能源汽车专业也不能抛弃传统能源汽车专业的核心课程。由于汽车能源正处在新老交替的阶段，新旧两种能源汽车还将在一定时间内共存，当下的汽车职业教育既要培养传统能源汽车的技能人才，也要培养新能源汽车的技能人才，这就是当前我国汽车职业教育所面临的向"多课程、少课时"方向发展的必然结果。

我真心希望这套教材能为我国汽车职业教育教学添砖加瓦，为新能源汽车教学锦上添花。也希望使用本教材的老师和同学们提出批评建议，让参加编写的老师们不断进步。当今的汽车职业教育正处在汽车新旧能源交替的时代，我们担负着"承前启后"的使命，我们为能够在这样一个时代从事汽车职业教育工作而自豪，也为能够在这个时代付出自己的所有而骄傲。我更希望汽车职业学校新能源汽车专业的同学们能在中国新能源汽车走向世界的时代，为中国汽车工业的崛起做出自己的贡献，成就自己无悔的人生！

中国汽车工程学会汽车应用与服务分会 技术总监

二〇一八年一月

前　言

随着新能源汽车技术的快速发展和国家政策扶持力度的增大，新能源汽车的生产制造与售后服务人员需求必将逐步增加，有些职业院校已经抓住了市场机遇，及时调整了专业培养方向，开设或准备开设新能源汽车技术专业。新能源汽车涉及很多全新的技术领域，而新能源汽车专业是很多职业院校正在积极建设的专业。但是目前市场上关于混合动力汽车、纯电动汽车维修方面的书籍很少，并且大多都是关于理论研究的。为了让更多人，特别是使用和维修新能源汽车的售后服务人员，对新能源汽车有更深入的了解，行云新能科技（深圳）有限公司作为一家专注新能源汽车专业教学整体解决方案开发与应用的企业，组织行业专家、课程专家及一线汽车品牌主机厂新能源汽车工程师等人员，与美国国家新能源培训联盟（NAFTC）合作，结合中国车系特点，以《比亚迪 SOP 维修技术规范》为实操标准，编写了这套职业教育新能源汽车专业"十三五"规划教材。

实战性强

基于大量的市场调查，本书 80% 以上的内容为新能源汽车的使用和维护方法，避免了现有新能源汽车教材内容偏设计制造技术导致的理论性太强的缺陷，使教材更贴近汽车维修企业实际工作及职业教育的特点。

适用性强

职业教育专家对本书的结构进行全面把控，使内容符合职业教育的特点，采用任务驱动结构编写，方便教材组合，可供新能源汽车专业方向的学生使用，也可供其他汽车专业方向学生学习新能源汽车知识和技能。本书涵盖了比亚迪、丰田等国内主流新能源汽车厂家的共性和差异，解决了品牌"地域性"问题。

配套资源丰富

立体化课程，配套资源包括教材、教学课件和配套试题等。整个课程的推进遵循以"教师手册"为指导，"任务实施"为引领，学生"教材"和教师"教学课件 PPT"为参考，技能实操视频与教学实训设备相配套的总体原则。

本书全面、系统地论述了新能源汽车的电气知识和信号测量技能，对新能源汽车电路图识读、充电等电气技术进行了详细讲解，同时注重图文结合，采用大量的实物图、结构图和电路图，配合文字讲解。此外，还整合了移动多媒体技术，在学习资料文本附近设置二维码，使用者用装有摄像机的手机进行扫描，便可在手机屏幕上显示与教学材料相关的多媒体内容，可方便读者理解相关知识，以便更深入地学习。

　　本书由江苏联合职业技术学院（无锡汽车工程分院）吴书龙、江苏信息职业技术学院何宇漾任主编，江苏信息职业技术学院袁红军、湖南汽车工程职业学院侯志华任副主编，并由江苏联合职业技术学院（无锡汽车工程分院）顾明珠任主审，参与编写的还有罗正海、陈建、卜乔生、陆镇桓、张亚琛、韦孟洲、王仕雄、陈建军、李能、杨旭、李秀全、童大权等老师。

　　在本书编写过程中，引用了大量原厂手册及文献资料，在此，全体编者向原作者们表示衷心的感谢！

　　由于本书涉及内容较新，且编者水平有限，书中难免有不足之处，恳请相关领域专家和广大读者批评指正。

编　者

目 录

序
前言

项目1　新能源汽车电路识图

任务1　电路图的基本组成和元件识别 ………………………………………… 1
任务2　比亚迪和丰田电路图的识读方法 ……………………………………… 48

项目2　整车控制网络系统

任务1　整车控制系统的功能和网关的测量 …………………………………… 65
任务2　车载网络框架结构和总线测量 ………………………………………… 73
任务3　新能源汽车的智能网联系统 …………………………………………… 83

项目3　电动助力转向系统

任务1　电动助力转向系统的功能与组件更换 ………………………………… 92
任务2　电动助力转向系统的信号测量 ………………………………………… 114

项目4　暖风和空调系统

任务1　新能源汽车暖风和空调系统的功能与组件更换 ……………………… 121
任务2　新能源汽车暖风和空调系统的信号测量 ……………………………… 146

项目5　新能源汽车充电技术

任务1　充电的类型和操作使用 ………………………………………………… 163
任务2　充电组件的技术要求与检修 …………………………………………… 192

参考文献

项目 1

新能源汽车电路识图

项目描述

本项目共 2 个学习任务,分别是:
任务 1　电路图的基本组成和元件识别。
任务 2　比亚迪和丰田电路图的识读方法。
通过 2 个任务的学习,掌握新能源汽车电路识图的方法;能独立完成熔丝、继电器位置、配电盒插头及线束的查找。

任务 1　电路图的基本组成和元件识别

一、任务引入

进行电路故障排除时,需要分析电路图,并能在车辆上找到相关组件和线束的位置。通过本任务的学习,掌握电路图的基本组成,并能在实车上找出熔丝、继电器、配电盒、控制单元及各种线束的位置。

二、任务要求

知识要求:

- 掌握汽车电路的概念、组成及特点。
- 了解汽车电路图的概念、种类及作用。
- 熟悉汽车电路图中的常用图形符号及标志。
- 掌握电路图的基本组成。

技能要求：

- 能根据电气符号在汽车电气原理图中找出相应的电气元件。
- 能在实车上找出熔丝、继电器、配电盒、控制单元及各种线束的位置。

职业素养要求：

- 严格执行汽车检修规范，养成严谨科学的工作态度。
- 尊重他人劳动，不窃取他人成果。
- 养成总结训练过程的习惯，为下次训练积累经验。
- 养成团结协作精神。
- 严格执行 5S 现场管理。

三、相关知识

1. 电路图的基本组成

汽车电路即汽车用电设备的通路，指根据用电设备的工作特性及相互间的关系用导线和车体连接成电流的通路，构成一个完整的供、用电系统。汽车电路一般由电源、用电设备、电路控制装置、导线和电路保护装置组成，如图 1-1-1 所示。

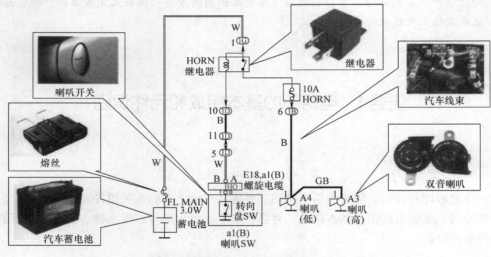

图 1-1-1　汽车电路的基本组成

- 电源：向汽车电气设备提供低压直流电，保证汽车在行驶中和停车时都能正常工作。汽车上装有两个电源，即蓄电池和发电机。
- 用电设备：又称负载，包括电动机、电磁阀、灯泡、仪表、各种电子控制器件和部分传感器等。
- 控制器件：除传统的各种手动开关、压力开关、温控开关外，现代汽车还大量使用电子控制器件，包括简单的电子模块（如电子式电压调节器等）和微电脑形式的电子控制单元（如发动机电控单元、自动变速器电控单元等）。电子控制器件和传统开关在电路上的主要区别是，电子控制器件需要单独的工作电源并配用各种形式的传感器。

• 电路保护装置：电路保护装置主要有熔丝（俗称保险丝）、电路断电器及易熔线等，它们的功能是在电路中流过超过规定的电流时切断电路，防止烧坏电路连接线和用电设备，并把故障限制在最小范围内。

• 导线：用于将上述装置连接起来构成电路。此外，汽车通常用车体代替部分从用电器返回电源的导线。

汽车电路图就是采用国家、厂家标准规定的图形符号、文字符号和画法，对汽车电气系统的组成、工作原理及相互间的关系、安装位置等作出图解说明的电气文件。

因此，汽车电路图在汽车设计、制造、维修过程中是不可缺少的技术资料和工具，尤其在汽车维修中，更是能起到指导性作用，为故障的分析、排除提供便利。

1.1 汽车电路的表示方法

现代汽车电路图的种类繁多，因车型不同存在一定差别，但仍可根据其特点和用途划分为接线图、线束图、原理框图和原理图等类型。

（1）接线图

接线图是一种专门用来标记接线与连接器的实际位置、色码和线型等信息的指示图，又称敷线图，体现了汽车电气实际的情况。接线图专门用于检修时查寻线束走向、线路故障，并在线路复原时使用，并不涉及所连接电器的工作原理及型号。虽然接线图中的导线以接近于线束的形式从相应的连接点引出，便于维修时按线、按色查找线路故障，但不便于进行电路分析。许多车型中所附的电气线路图都是接线图，因此掌握接线图的读法和分析方法，对线路故障的查寻会有很大帮助。接线图可以是整车电路的接线图，也可以是各系统的接线图，图1-1-2所示为丰田普锐斯混合动力系统部分接线图。

与汽车接线图类似的还有汽车布线图，图1-1-3所示为丰田普锐斯动力电池组线束布线的示意图。布线图主要表明的是线束与各电器的连接部位、接线柱的标记、插接器的形状和位置等。它是人们在汽车上实际接触到的汽车电路图。这种图一般不会详细描绘线束内部的线路走向，只对裸露在线束外的插头与插接器作详细编号或用字母标记。它是一种突出装配记号的电路表现形式，便于安装、配线、检测与维修。

（2）线束图

线束图属于安装图，是根据电气设备在汽车上的实际安装位置、线束分段及各分支导线端口的具体连接情况绘制的电路图。线束图注重表达的是已制成的线束外形，组成线束的各导线的规格大小、长度和颜色，突出接线端的序号及各分支端口所连接的电气设备的名称等，便于安装、配线、检测与维修。线束图与布线图相似，但更加简洁明了，接近实际，对使用、维修人员而言实用性更强，如图1-1-4所示。

（3）原理框图

汽车电气原理框图是表示汽车电气系统及其分系统、装置、部件中各项目的基本组成和相互关系的简图，图1-1-5所示为丰田普锐斯动力电池组车载网络通信原理框图。一般采用方框和连线来表示比较复杂的电子电路工作原理和构成概况，将电路按照功能划分为几部分，每一个部分用方框来描绘，在方框中用文字简单说明，用连线来表明各方框之间的联系，能直观地表达一个功能方块在电路中的作用。

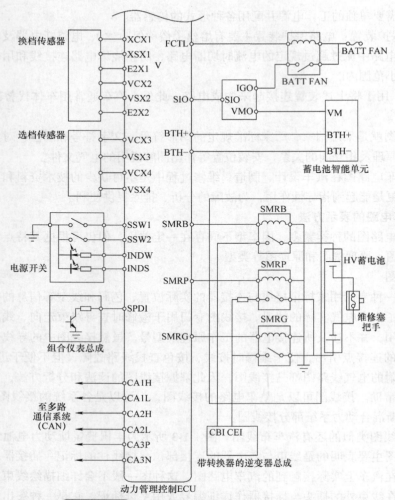

图 1-1-2　丰田普锐斯混合动力系统部分接线图

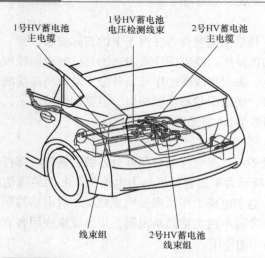

图 1-1-3　丰田普锐斯动力电池组线束布线图

项目1 新能源汽车电路识图

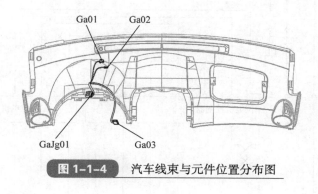

图 1-1-4 汽车线束与元件位置分布图

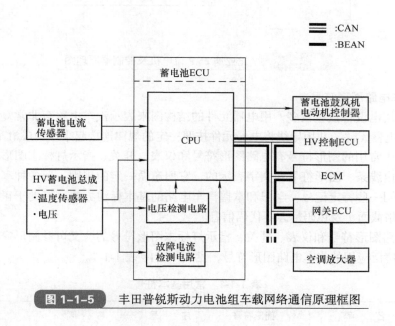

图 1-1-5 丰田普锐斯动力电池组车载网络通信原理框图

（4）原理图

汽车电气原理图是最常用的电路图，用规定的汽车电气图形符号、文字符号，按工作特点或功能布局绘制，用来表明电气设备的工作原理及各电器元件的作用，以及它们之间的关系。它可以是各系统的电路原理图（此时多为详图），图1-1-6所示为比亚迪e5 P位电机及控制器原理图。汽车电气原理图一般由主电路、控制电路、保护及配电电路等部分组成，电流走向清晰，线路布局合理，各系统与元件是依据工作原理与互相的关联来布局的，各系统相对独立，简洁清楚，便于识读，为分析、查找、排除故障提供了依据。

5

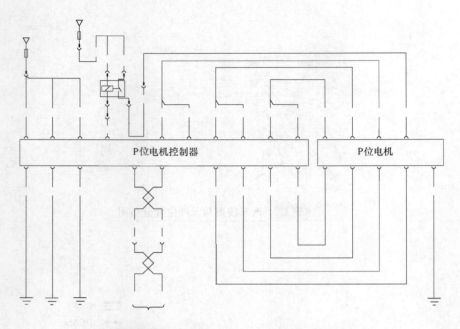

图 1-1-6　比亚迪 e5 P 位电机及控制器原理图

1.2　汽车电路图形符号

汽车上的用电设备数量较多,用电器元件的结构图来表示汽车电路会非常复杂。因此,通常用符号表示电器元件,并用导线将电器元件按照一定的规律连接起来,构成汽车的电路图。

汽车电路中常用的图形符号有电路图形符号和仪表、开关、指示灯标志图形符号。所有汽车电路图均是由线条、图形符号和文字表示的,它们遵循一定的规则,但各种车型因产地和厂家不同,会采用一些特定记号。学习和掌握汽车电路的基本标注方法,有助于正确判别接点标记、线型(规格截面)及色码标志等代码信息。

具体的电路图形符号和仪表、开关、指示灯标志图形符号的含义可参阅厂家维修资料,以下列举一部分广泛应用的汽车电路图形符号,见表 1-1-1~表 1-1-7。

表 1-1-1　常用基本符号

序号	名称	图形符号	序号	名称	图形符号
1	直流	—	6	中性点	N
2	交流	~	7	磁场	F
3	交直流	≈	8	搭铁	⊥
4	正极	+	9	交流发电机输出接线柱	B
5	负极	-	10	磁场二极管输出端	D+

表 1-1-2　导线、端子和导线的连接符号

序号	名称	图形符号	序号	名称	图形符号
1	接点	●	8	插头和插座	
2	端子	○	9	多极插头和插座（图示为三极）	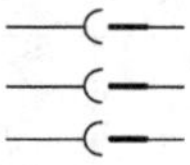
3	可拆卸的端子	⌀	10	接通的连接片	
4	导线的连接		11	断开的连接片	
5	导线的分支连接		12	边界线	
6	导线的交叉连接		13	屏蔽导线	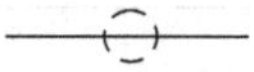
7	导线的跨越		14		

表 1-1-3　触点与开关符号

序号	名称	图形符号	序号	名称	图形符号
1	动合（常开）触点		9	一般机械操作	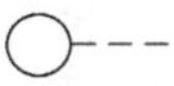
2	动断（常闭）触点	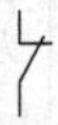	10	钥匙操作	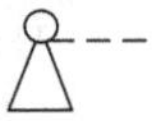
3	先断后合的触点		11	热执行器操作	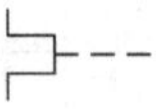
4	中间断开的双向触点		12	热敏开关动断触点	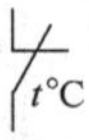
5	手动操作件，一般符号	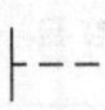	13	热敏开关动合触点	
6	拉拔操作	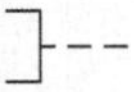	14	热敏自动开关动断触点	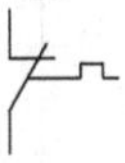
7	旋转操作	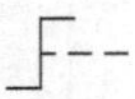	15	热继电器常闭触点	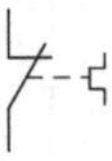
8	按动操作	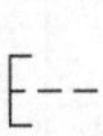	16	旋转多档开关位置	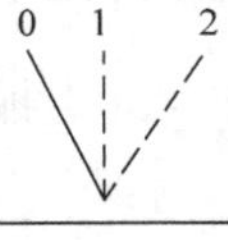

（续）

序号	名称	图形符号	序号	名称	图形符号
17	温度控制	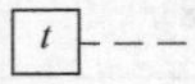	25	按钮开关（常开）	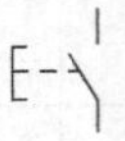
18	压力控制	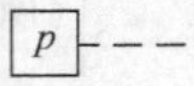	26	能定位的按钮开关	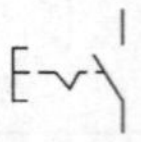
19	制动压力控制	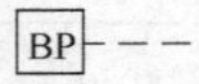	27	拉拔开关	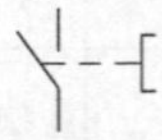
20	液位控制		28	旋转、旋钮开关	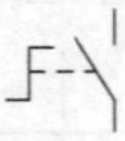
21	凸轮控制	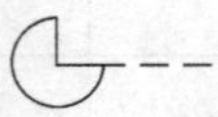	29	液位制动开关	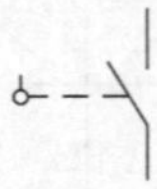
22	联动开关	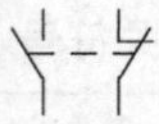	30	机油滤清器报警开关	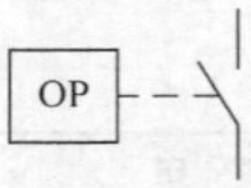
23	手动开关的一般符号	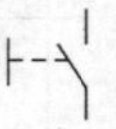	31	多档开关、点火起动开关，瞬时位置为2能自动返回到1（即2档不能定位）	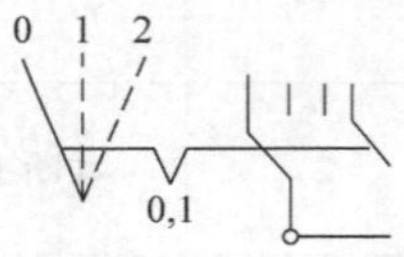
24	定位（非自动复位）开关	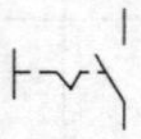	32	节气门开关	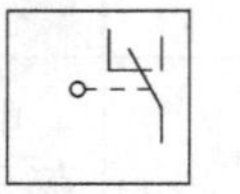

表 1-1-4　电器元件符号

序号	名称	图形符号	序号	名称	图形符号
1	电阻器		4	压敏电阻器	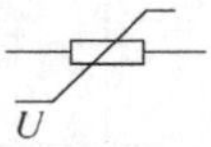
2	可变电阻器	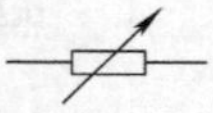	5	滑动触点电阻器	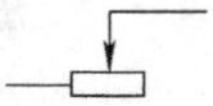
3	热敏电阻器	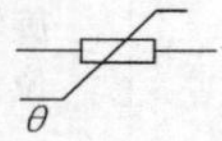	6	加热元件、电热塞	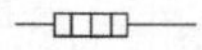

项目1 新能源汽车电路识图

（续）

序号	名称	图形符号	序号	名称	图形符号
7	电容器		18	带磁性的电感器	
8	可变电容器		19	熔断器	
9	电解电容器		20	易熔线	
10	半导体整流二极管		21	电路断路器	
11	稳压二极管		22	永久磁铁	
12	发光二极管		23	操作器件一般符号	
13	光电二极管		24	一个绕组电磁铁	
14	具有两个电极的压电晶体		25	两个绕组电磁铁	
15	NPN型三极管		26	不同方向绕组电磁铁	
16	PNP型三极管		27	触点常开的继电器	
17	电感线圈、绕组、扼流圈		28	触点常闭的继电器	

表 1-1-5 仪表符号

序号	名称	图形符号	序号	名称	图形符号
1	电压表	Ⓥ	6	温度表	ⓣ°
2	电流表	Ⓐ	7	燃油表	Ⓠ
3	欧姆表	Ⓞ	8	速度表	Ⓥ
4	油压表	OP	9	电钟	🕒
5	转速表	Ⓝ	10	数字式电钟	🕒

表 1-1-6 传感器符号

序号	名称	图形符号	序号	名称	图形符号
1	温度传感器	─[t°]─	8	空气流量传感器	─[AF]─
2	空气温度传感器	─[t°a]─	9	氧传感器	─[λ]─
3	冷却液温度传感器	─[t°w]─	10	爆燃传感器	─[K]─
4	燃油传感器	─[Q]─	11	转速传感器	─[n]─
5	油压传感器	─[OP]─	12	速度传感器	─[v]─
6	空气质量传感器	─[m]─	13	空气压力传感器	─[AP]─
7	燃油滤清器积水传感器	─[W]─	14	制动压力传感器	─[BR]─

表 1-1-7　汽车电气设备符号

序号	名称	图形符号	序号	名称	图形符号
1	照明灯、信号灯、仪表灯、指示灯		13	常开电磁阀	
2	双丝灯		14	常闭电磁阀	
3	荧光灯		15	电磁离合器	
4	组合灯		16	加热器（除霜器）	
5	预热指示器		17	稳压器	
6	电喇叭		18	点烟器	
7	扬声器		19	热继电器	
8	蜂鸣器		20	间歇刮水继电器	
9	报警器、电警笛		21	天线一般符号	
10	闪光器		22	发射机	
11	霍尔信号发生器		23	收音机	
12	电磁阀一般符号		24	收放机	

(续)

序号	名称	图形符号	序号	名称	图形符号
25	用电动机操纵的怠速调整装置		37	燃油泵电动机 洗涤电动机	
26	空气调节器		38	晶体管 电动燃油泵	
27	传声器一般符号		39	加热定时器	
28	点火线圈		40	点火电子组件	
29	分电器		41	风扇电动机	
30	火花塞		42	刮水器电动机	
31	电压调节器		43	天线电动机	
32	串励绕组		44	定子绕组为星形联结的交流发电机	
33	并励或他励绕组		45	定子绕组为三角形联结的交流发电机	
34	集电环或换向器上的电刷		46	外接电压调节器与交流发电机	
35	直流电动机		47	整体式交流发电机	
36	起动机（带电磁开关）		48	蓄电池	

2. 电路元件识别

2.1 汽车导线、插接器及线束

汽车导线、插接器及线束的说明见表 1-1-8。

表 1-1-8 汽车导线、插接器及线束的说明

名 称	实物图	说 明
普通低压导线		普通低压导线为铜质多股软线,根据导线外绝缘包层材料的不同又分为 QVR 型(聚氯乙烯绝缘包层)和 QFR 型(聚氯乙烯–丁腈复合绝缘包层)两种
起动电缆		起动电缆是带绝缘包层的大截面积铜质或铝质多股软线,连接蓄电池正极与起动机 30 号电源端子,横截面积有 $25mm^2$、$35mm^2$、$50mm^2$、$70mm^2$ 等多种规格,允许电流高达 500~1000A。为保证起动机正常工作并能产生足够的驱动力矩,要求起动线路上 1A 电流产生的压降不超过 0.15V。因此,起动电缆的横截面积比普通低压导线的横截面积大得多
搭铁电缆		蓄电池搭铁电缆俗称搭铁线,常用的有两种:一种是铜丝编织成的扁形软铜线;另一种外形同起动机电缆,覆有绝缘层。搭铁电缆常用于蓄电池与车架、车架与车身、发动机与车架等总成之间的连接。国产汽车常用的搭铁线有 $300mm^2$、$450mm^2$、$600mm^2$、$760mm^2$ 四种规格
屏蔽线		屏蔽线又称同轴射频电缆,其作用是将导线与外界磁场隔离,避免导线受外界磁场的影响而产生干扰。在导线绝缘层中带有金属的纺织网和套装护套。屏蔽线常用于低压弱信号电路,如氧传感器信号电路、曲轴位置传感器电路等
高压导线		高压导线用来传送高压电。由于工作电压很高(一般都在数百伏以上),高压导线绝缘包层很厚,其绝缘材料有全塑料与橡胶之分。对于新能源汽车,一般以高压电器为中心对高压导线进行划分,可分为电机高压线、电池高压线、充电高压线等
插接器		为便于接线,汽车线束中各导线端头均焊有接线卡,并在导线与接线卡连接处套以绝缘管,经常拆卸的接线卡一般采用开口式,而拆卸机会少的接线卡则常采用闭口式
汽车线束		为使全车线路不凌乱、安装方便,以及导线绝缘层不致于损坏,除高压线、收音机天线、蓄电池电缆外,一般都将同区域的不同规格导线用棉纱编织成线束或用薄聚氯乙烯带半叠缠绕包扎成线束

（1）导线

汽车电气线路中的导线分低压线和高压线两种。低压线包括普通导线、起动电缆、搭铁电缆、屏蔽线；高压线包括铜芯线和阻尼线。

普通低压导线的截面积主要根据用电设备的工作电流进行选择。然而，对于功率很小的用电设备，不能仅根据工作电流来选择导线，因为有些导线的截面积太小、机械强度较低，容易折断。汽车电气线路中所用的导线截面积最小不得小于 $0.5mm^2$。我国汽车低压导线的允许负荷电流见表1-1-9，汽车12V电气系统主要电路导线横截面积的推荐值见表1-1-10。

表 1-1-9　汽车低压导线允许负荷电流

导线标称横截面积 /mm^2	允许负荷电流 /A	导线标称横截面积 /mm^2	允许负荷电流 /A
0.5	6	3.0	22
0.8	9	4.0	25
1.0	11	6.0	35
1.5	14	10	50
2.5	20	13	60

表 1-1-10　汽车12V电气系统主要电路导线截面积的推荐值

电路名称		标准横截面积 /mm^2	电路名称	标准横截面积 /mm^2
尾灯、顶灯、指示灯、仪表灯、牌照灯、刮水器电动机、时钟等		0.5	其他5A以上的电路	1.5~4
转向灯、制动灯、停车灯、分电器等		0.8	柴油机电热塞电路	4~6
前照灯的近光、电喇叭	3A以下	1.0	电源线	4~25
前照灯的远光、电喇叭	3A以上	1.5	起动电路	16~95

为便于维修，低压导线常用不同颜色来区分。其中，导线横截面积在 $4mm^2$ 以上的采用单色线，横截面积在 $4mm^2$ 以下的采用双色线，搭铁线均采用黑色线。汽车用低压导线的颜色代码见表1-1-11。汽车各电气系统的导线主色见表1-1-12。

表 1-1-11　汽车用低压导线的颜色与代码

导线颜色	代码	导线颜色	代码	导线颜色	代码
黑	B	绿	G	蓝	Bl
白	W	黄	Y	灰	Gr
红	R	棕	Br	橙	O

项目 1　新能源汽车电路识图

表 1-1-12　汽车各电气系统的导线主色

序号	系统或部件名称	导线主色	颜色代码
1	电源系统	红	R
2	起动、点火系统	白	W
3	雾灯	蓝	Bl
4	灯光、信号系统	绿	G
5	防空灯及车身内部照明系统	黄	Y
6	仪表、报警系统、喇叭系统	棕	Br
7	收音机、电子钟、点烟器等辅助电气系统	紫	Pu
8	各种辅助电动机及电气操纵系统	灰	Gr
9	搭铁线	黑	B

在汽车电气线路中,导线上一般都标有数字和字母符号,用来表示其横截面积和颜色,例如 2.5RY、1.0RW 等。其中,数字 2.5、1.0 表示导线的横截面积,单位为 mm^2;第一个字母 R 表示导线主色(标准色,红色),第二个字母 Y 和 W 表示导线的辅助色(黄色和白色),即轴向条纹状或螺旋状颜色,如图 1-1-7 所示。

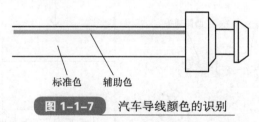

图 1-1-7　汽车导线颜色的识别

考虑到电磁干扰的因素,整个高压系统均由屏蔽层包覆。目前国内车型全部采用屏蔽高压线,日系车也有应用屏蔽网包覆在高压线外侧,并对插件处进行处理,以实现屏蔽连接。同时,由于高压已经超出人体安全电压,车身不可像低压系统一样作为整车搭铁点,因此在高压线束系统的设计上,直流高压电回路必须严格执行双轨制。根据高压线束的特性,一般以高压电器为中心对高压线束进行划分,可分为电机高压线、电池高压线和充电高压线等。

电机高压线是连接控制器和电机的高压线;电池高压线是连接控制器和电池的高压线;充电高压线是连接充电机和电池的高压线。

高压线束的耐电压与耐温性能远高于低压线束。屏蔽高压线可减少 EMI(电磁干扰)、RFI(射频干扰)对整车系统的影响。整条高压线束回路均实现屏蔽连接,电机、控制器及电池等接口高压线束屏蔽层,通过插件等压接结构连接到电池电机控制器壳体,再与车身搭铁连接。高压线的屏蔽对于电缆传导数据不是必需的,但是可减少或避免高压线的辐射。

- 耐电压性能:常规汽车耐高电压额定 600V,商用车电压可达 1000V。
- 耐电流性能:根据高压系统部件的电流量,可达 250400 A。
- 耐温性能:耐高温等级分为 125℃、150℃、200℃等,常规选择 150℃导线;低温常规选择 -40℃。

高压导线的直径设计需要综合考虑以下方面：负载回路的额定电流值；电线导体的容许温度；线束工作时周围环境的温度；导线自身通电时温度上升引起的通电率降低；成捆线束容许电流的折减系数。

电线容许电流值 × 环境温度引起的通电率降低 × 捆扎引起的折减系数 > 额定电流值。

鉴于环境温度对通电率降低的影响（驾驶室内40℃、发动机舱80℃），导体阻抗的上升需做考虑。因此：电线的耐热温度 > 环境温度 + 导体通电时的温度上升。

导线最大稳态温度应不超过导线绝缘层、插件材料或其他导线材料额定温度。导线电流容量有很多决定因素变量，例如导体尺寸、绝缘材料、绝缘层厚度、环境温度、导线捆绑尺寸和导体材料。

（2）插接器

插接器由插头与插座两部分构成，通常涂黑表示插头，不涂黑表示插座；有倒角的表示插头插脚呈柱状，直角的表示插头插脚为片状。插接器一例见表1-1-13，各厂家间略有不同，详情请参阅厂家维修资料。

表1-1-13　汽车电路中插接器的表示方式

项目	插头/搭铁	形象图标	内容
端子及插头的表示	凸形端子、凸侧插头；凹形端子、凹侧插头	凸形端子；凸侧插头 1 2 3 4 / 5 6 7 8；凹形端子；凹侧插头 1 2 3 4 / 5 6 7 8	端子的形象图标中，插入的端子叫凸形端子，被插入的端子叫凹形端子，以图形方法表示。此外，装有凸形端子的插头叫凸侧插头，装有凹形端子的插头叫凹侧插头

项目 1　新能源汽车电路识图

（续）

项　　目	插头/搭铁	形象图标	内　　容
表示插头形象的符号	设备  中间插头 备用插头、检测用插头	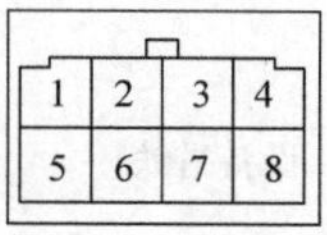	与设备的连接采用设备侧插头形象，中间插头采用凸侧插头形象，备用插头及检测用插头因未装设备，所以采用线束侧插头形象分别表示
插头连接方式的表示	直插式  附属线束式 中间插	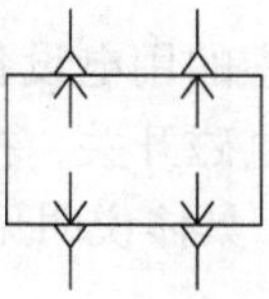	与设备和线束侧插头的连接，分为直接插入设备的方式（直插式）和与设备侧线束插头连接的方式（附属线束式），以图示方法表示并代表不同的应用方式

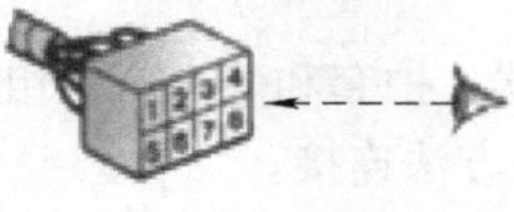

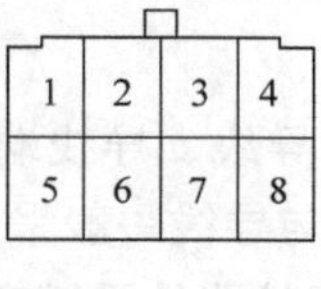

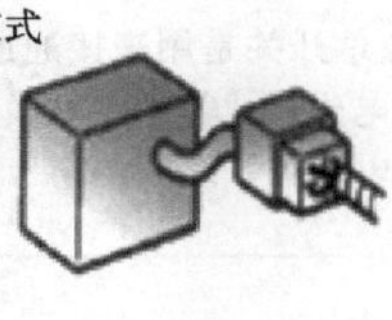

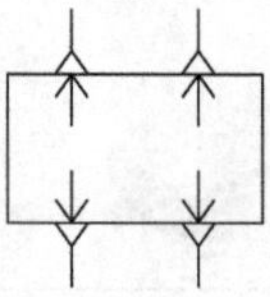

17

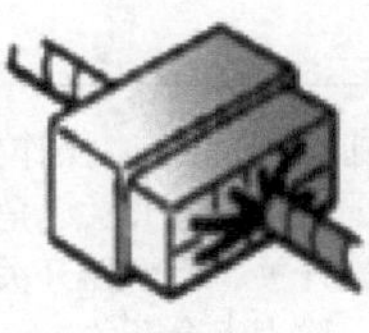

（续）

项　目	插头/搭铁	形象图标	内　容
搭铁的表示	车体搭铁		搭铁方法有车体搭铁、设备搭铁及控制装置内搭铁等，分别以图示方法表示，并代表不同的应用方式
	设备搭铁	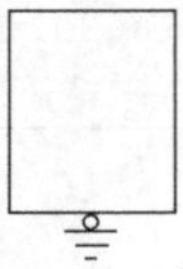	
	控制装置内搭铁		

（3）汽车线束

现代汽车的线束总成由导线、导线端子、插接器、护套和熔丝座等组成。导线端子一般由黄铜、纯铜材料制成，它们与导线一般采用冷铆压的方法连接。

2.2　汽车开关、电路保护器件及继电器

（1）汽车开关

开关用来控制汽车电路中的用电设备。开关按操作方式可分为手操纵式和脚踏式两种，按结构原理可分为机械开关和电磁开关，按用途可分为点火开关、起动开关、电源开关、灯光开关和小型直流电动机开关等，具体说明见表1-1-14。

表1-1-14　汽车开关的种类及说明

名称	实　物	说　明
电源总开关		电源总开关是用来接通或切断蓄电池电路的，其形式有刀式和电磁式，其中电磁式较少使用。刀式电源总开关一般用于蓄电池搭铁线的控制
点火开关		点火系统的开关（分为钥匙起动和一键起动），可自由开启或关闭点火线圈的主要电路，也适用于其他系统电路
组合开关	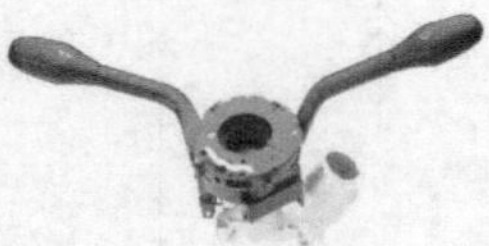	为保证行车安全，操作方便，在汽车电气系统整体结构设计中，多将转向开关、危险警告开关、示宽灯与前照灯开关、变光开关、刮水器开关、洗涤器开关及喇叭开关等组装在一起，称为组合开关

项目 1　新能源汽车电路识图

（续）

名称	实物	说明
灯光开关		用来控制前照灯、仪表灯、牌照灯、超车灯及变光、转向信号指示灯等

（2）汽车电路保护器件

电路保护器件用于电路或电气设备发生短路及过载时，自动切断电路，防止线束或电气设备烧坏。汽车上常见的电路保护器件有易熔线、熔断器（俗称保险）及电路断路保护器，具体说明见表1-1-15。

表 1-1-15　汽车电路保护器件的种类及说明

名称	实物	说明
易熔线		易熔线是一种横截面积小于被保护电线横截面积的、可长时间通过额定电流的铜芯低压导线或合金导线。当电流超过易熔线额定电流数倍时，易熔线首先熔断，以确保线路或电气设备免遭损坏。易熔线常用于保护总电路或大电流电路。易熔线的多股胶合线外包有聚乙烯护套，比常见导线柔软，一般长度为50~200mm，通过插接件接入电路。易熔线一般位于蓄电池和起动机之间或附近。易熔线不能绑扎于线束内，也不得被其他物品所包裹
电路断路保护器		电路断路保护器简称断路器（俗称空气开关），常用于保护电动机等较大容量的电气设备，当电流负荷超过用电设备额定容量时将电路断开，可重复使用
熔断器		熔断器常用于保护局部电路，其限额电流值较小，一般在熔断器上都有标注。熔断器的主要元件是熔丝（片），其材料是锌、锡铅和铜等金属的合金。常见的熔断器按外形可分为熔片式、熔管式、绝缘子式及插片式等
中央控制盒		为便于诊断故障、规范布线，现代汽车常将熔断器、断路保护器、继电器等电路易损件集中布置在一块或几块配电板上，配电板背面用来连接导线，这种配电板及其盖子就组成了中央控制盒

（3）继电器

汽车用继电器可分为功能继电器和电路控制继电器两种。闪光继电器、刮水间歇继电器等属于功能继电器。电路控制继电器单纯用于实现电路通断与转换，其作用主要是减小开关的电流负荷，保护开关触点不被烧蚀，即用流经开关的小电流，控制用电装置的大电流。汽车上常见的电路控制继电器有卸荷继电器、前照灯继电器、雾灯继电器、起动继电器、喇叭继电器、鼓风机继电器、空调压缩机电磁离合器继电器等。

继电器按外形分有圆形和方形两种；按插脚分有三脚、四脚、五脚和六脚等。继电器由电磁铁和触点等组成。为防止线圈断电时产生的自感电动势将电子设备损坏，有的继电器磁化线圈两端并联泄放电阻或续流二极管。

根据触点状态的不同，继电器又分为常开（动合触点）型、常闭（动断触点）型和开闭混合型三类（图1-1-8）。常开型继电器平时触点是断开的，继电器动作后触点接通，接通控制电路。常闭继电器的触点平时是闭合的，继电器动作后触点断开，切断控制电路。混合型继电器触点平时是接通的，常开触点断开。如果继电器线圈通电，则触点处于相反的状态。

a）常开型继电器

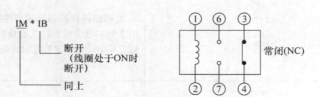

b）常闭型继电器

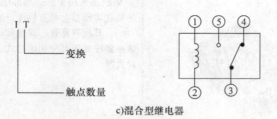

c）混合型继电器

图1-1-8　继电器的类型

有的继电器有两个线圈，称为双线圈继电器。双线圈继电器大致有两种类型：一种是两线圈同时通电时触点才动作；另一种是只要有一个线圈通电触点就可以动作。

继电器的工作电压分为12V和24V两种，分别应用于相应标称电压的汽车上。两种标称电压的继电器不能替换使用。JD 系列小型通用继电器的外形、管路排列与内部电路如图 1-1-9、图 1-1-10 所示。

图 1-1-9　JD 系列小型通用继电器

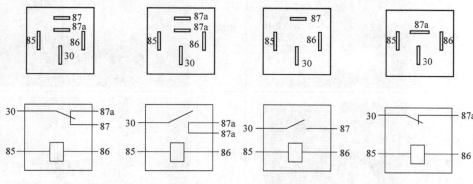

图 1-1-10　JD 系列小型通用继电器的管路排列与内部电路

3. 汽车电路元件的检修

3.1 导线的检修

（1）剥线

剥线是维修导线时常做的工作。如果剥线时没有按规定操作，不慎将导线拉长或削去部分线芯，则可能带来严重后果或安全隐患。例如传递信号的导线，如果维修时被拉伸，其电阻就会增加，从而影响信号的传输。剥线时应使用专用剥线钳，对于不同型号的导线要使用剥线钳的不同部位或不同的剥线钳，如图 1-1-11、图 1-1-12 所示。

图 1-1-11　剥线钳的使用 1

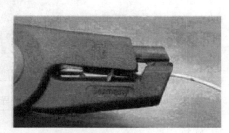

图 1-1-12　剥线钳的使用 2

（2）连接

维修时，经常面对把一根断开的导线或两根导线连接在一起的工作。正确的接线方法是利用专用接线材料和专用接线工具（压线钳）进行连接，如图1-1-13所示。

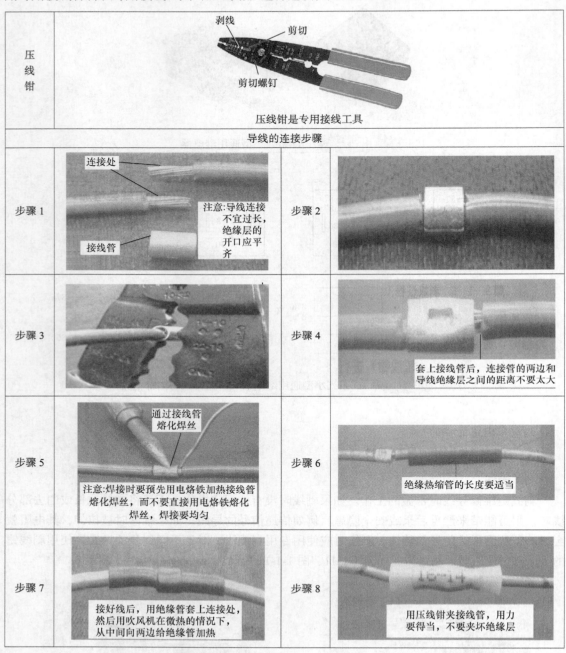

图 1-1-13　导线连接工具操作步骤示意

（3）焊接

焊接是连接导线的基本方式之一。焊接使用的专用工具是电烙铁。根据不同情况，要选取

项目1 新能源汽车电路识图

不同功率的电烙铁。

焊接时应注意以下事项：

- 焊接时不要直接用电烙铁加热焊接材料，而应通过加热导线接头，同时把焊接材料放到需要焊接的区域，间接熔化焊接材料。因为只有这样，才能使熔化的焊接材料充分与导线熔为一体。否则，由于导线温度比焊接材料低，会造成焊接不牢。
- 要确保焊接点在导线的金属头上，不能在绝缘层上焊接。
- 如果用接线夹，要确保焊接材料均匀覆盖夹子。
- 不要使用太多焊接材料。要圆滑焊接，不要让焊接材料产生棱角，否则棱角会刺穿绝缘层，引起漏电或短路。
- 不要长时间给导线加热，以免烧毁导线和绝缘层。
- 维修导线时，一定要断开电源。

3.2 插接器的维修

插接器导线端子常因大气侵蚀或电火花而发生蚀损，或因机械振动而断裂。保持端子接触良好，修复损坏线头是线束维护的基本作业项目。

插接器接合时，应先将其导向槽重叠在一起，使插头和插孔对准且稍用力插入，这样就可以十分牢固地连接在一起。

为防止汽车行驶过程中插接器脱开，所有插接器均采用闭锁装置。拆插接器时，应先压下闭锁装置，然后再将其拉开，如图1-1-14所示。不压下闭锁装置时，决不可用力猛拉导线，以防拉坏闭锁装置或导线。

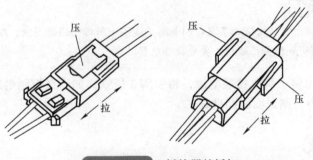

图1-1-14 插接器的拆卸

若发现插头、插座损坏或锈蚀严重，可用小螺钉旋具自插口端伸入撬开锁紧环，拉出线头。对锈蚀严重的线头，可用细砂纸打去锈层。若损坏严重则应更换插头、插座。

3.3 继电器的检查

诊断继电器故障的主要方法是测试继电器的电路。测试继电器的首要问题是分清继电器的引脚，如图1-1-15所示。一般情况下，厂家会在继电器的外壳上标明继电器的引脚和内部接线图。通过标识可辨别控制电路和负载电路的引脚。

（1）用万用表确定继电器的引脚

如果厂家没有标明引脚，可用万用表测试确定，

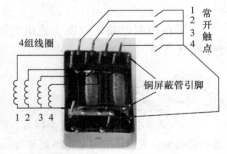

图1-1-15 继电器引脚识别

如图 1-1-16 所示（以 4 引脚继电器为例）。通常控制电路（线圈）的两个引脚之间的电阻在 50~120Ω 之间。如果测试到两个引脚之间的阻值在该范围内，则这两个引脚就是控制电路（线圈）的两个引脚。如果控制电路之间的电阻小于 50Ω，大于 0Ω，则要查阅相关资料，确认线圈是否有问题。然后检查另外两个引脚之间的电阻，阻值应为 0Ω（常闭继电器）或无穷大（常开继电器）。

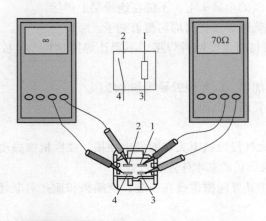

图 1-1-16　用万用表确定继电器的引脚

如果任何两个引脚之间的阻值都不在控制电路（线圈）所标明的范围内，或所有引脚之间的阻值都是 0Ω 或无穷大，则说明线圈已烧坏，要更换继电器。

确定各引脚后，可将引脚 1 接通电源，将引脚 3 搭铁。如果在控制电路（线圈）通电的同时，能听到"咔哒"声，则说明线圈良好。

此时只能确定线圈良好，还不能判定继电器是否良好，需要进一步测试开关的另外两个引脚之间的电阻。如果为 0Ω（常开触点）或无穷大（常闭触点），则说明继电器良好。如果不是，则说明继电器存在高电阻故障。

如果在控制电路（线圈）通电的同时听不到"咔哒"声，则说明控制电路（线圈）损坏，要更换继电器。

实际应用中的继电器要复杂得多。许多继电器内部接有二极管和电阻。测试内部有二极管的继电器时要特别注意，不要接反电源的极性，否则会损坏继电器。测试复杂的继电器时，要参阅相关资料，确认继电器的内部结构，按正确程序测试。

（2）用测试灯检测继电器（粗略检测）

在确定继电器各引脚的前提下，在引脚4上连接一个测试灯（图1-1-17），测试灯的另一端搭铁。按图示方法将控制电路（线圈）通电，会听到"咔哒"声（如果听不到"咔哒"声，则说明控制电路有问题）。在控制电路产生的磁场作用下，负载电路（开关）被接通，此时测试灯会点亮。切断控制电路的电源后，测试灯熄灭。如果测试灯像前文描述的那样，则说明继电器正常，否则需要更换继电器。

（3）用电压表检测继电器

可以用电压表代替测试灯检测继电器。电压表能更准确地测试开关两端的电压，但不足之处与测试灯一样，即不能很好地确定开关的触点是否有烧坏现象（高电阻现象）。在引脚4上连接一个电压表（图1-1-18），电压表的另一端搭铁。如图示方法将控制电路（线圈）通电，会听到"咔哒"声（如果听不到"咔哒"声，则说明控制电路有问题），在控制电路产生的磁场作用下，负载电路（开关）被接通，此时电压表会显示电源电压。切断控制电路的电源后，电压表显示0V。

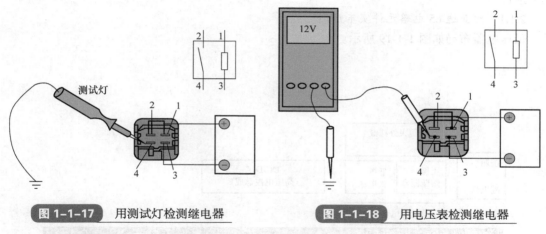

图 1-1-17　用测试灯检测继电器　　　图 1-1-18　用电压表检测继电器

4. 汽车线束的维护

汽车线束直接受到机械振动、颠簸、温变、刮擦的作用及油水的侵蚀，长期使用易导致包皮损坏、线头断开或接触不良，这就需要检修维护和更换导线、接线头或线束。

安装线束时应注意以下事项：

- 线束应用夹箍或线卡固定，以免松动或磨损。
- 线束不可拉得过紧，尤其在拐弯处更应注意。在绕过锐角或穿过金属孔时，应用胶带或套管保护，否则容易磨坏线束而发生短路，并有烧毁全车线束，酿成火灾的危险。
- 连接电器时，应根据插接器规格、形状，导线颜色或接头处套管的颜色正确接线。若不易辨别导线的头、尾时，一般可用试灯区分。

4.1　线束的拆装

检修线束时，应按要求进行拆装，在拆卸过程中要记下各插接器的连接部位和线束区，装配时按原连接部位装复。各车型的线束都应按设计要求包裹好。

4.2　线束导线的维修

线束导线的维修可按上述方法进行。

四、任务实施

1. 任务准备

安全防护：注意高电压保护。

工具设备：无。

台架车辆：比亚迪 e5 分控联动系统（行云新能 INW-EV-E5-FL）；比亚迪 e5 教学版和普锐斯整车。

辅助资料：汽车维修手册或电路图、卡片、喷胶、记号笔、教材。

2. 实施步骤

2.1 电路元件实车识别

分别在比亚迪 e5 分控联动系统（行云新能 INW-EV-E5-FL）、比亚迪 e5 教学版和普锐斯整车上进行。

2.1.1 比亚迪 e5 电路元件实车识别

低压电器布局如图 1-1-19 所示。

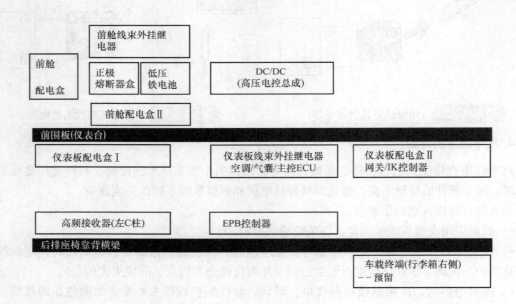

图 1-1-19　低压电器布局

（1）前舱

前舱电器位置分布，如图1-1-20所示。

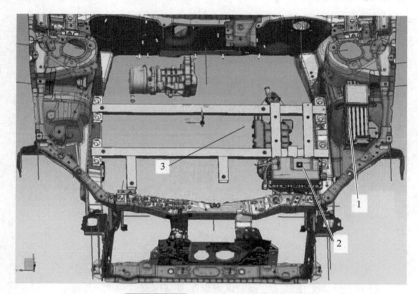

图1-1-20　前舱电器位置分布

1—前舱配电盒　2—PTC（正温度系数）加热器　3—电动压缩机

（2）驾驶室

驾驶室电器位置分布，如图1-1-21所示。

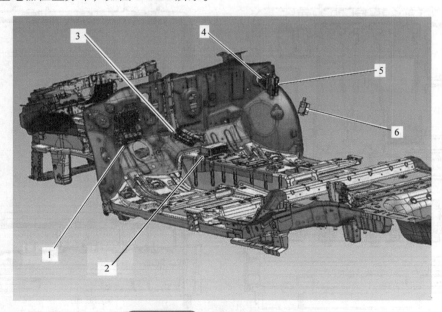

图1-1-21　驾驶室电器位置分布

1—仪表板配电盒　2—SRS（安全气囊系统）　3—空调ECU　4—网关　5—I-KEY ECU　6—高频接收模块

（3）仪表板配电盒及仪表外挂继电器

仪表板配电盒及仪表外挂继电器分布，如图 1-1-22~ 图 1-1-30 所示。

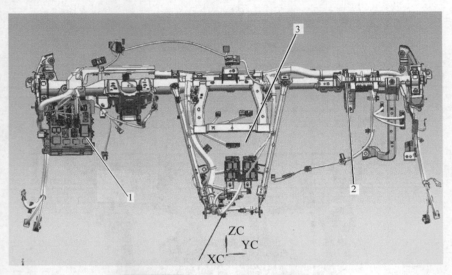

图 1-1-22　仪表板配电盒位置分布图

1—仪表板配电盒Ⅰ　2—仪表板配电盒Ⅱ　3—仪表外挂继电器

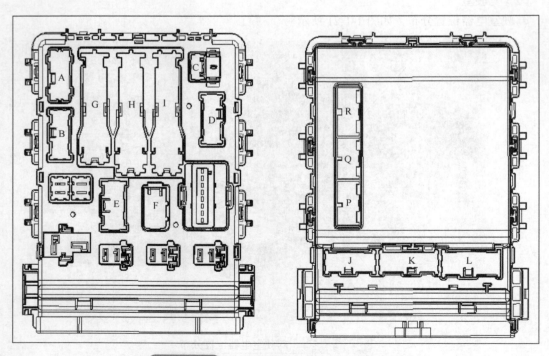

图 1-1-23　仪表板配电盒插接件编号示意图

项目 1　新能源汽车电路识图

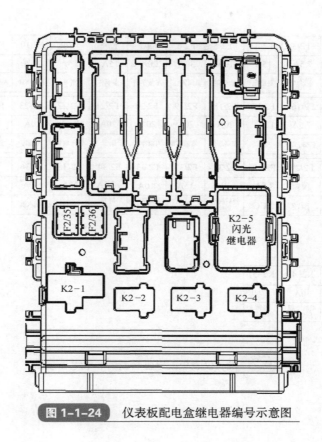

图 1-1-24　仪表板配电盒继电器编号示意图

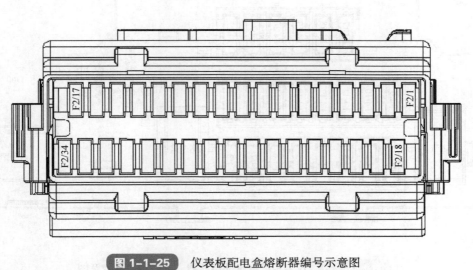

图 1-1-25　仪表板配电盒熔断器编号示意图

熔断器

编号	F2/1	F2/2	F2/3	F2/4	F2/5	F2/6	F2/7	F2/8	F2/9	F2/10	F2/11	F2/12	F2/13
规格	15A	7.5A	7.5A	15A	10A	30A	20A	15A	7.5A	7.5A	5A	15A	15A
说明	DLC	VTOG	网关、I-KEY	双路电	模块常用I	预留	左前车窗	多媒体	预留	网关IG1	ABS/ESP	前风窗洗涤	IG1
编号	F2/14	F2/15	F2/16	F2/17	F2/18	F2/19	F2/20	F2/21	F2/22	F2/23	F2/24	F2/25	F2/26
规格	10A	10A	7.5A	15A	20A	20A	20A	20A	7.5A	20A	10A	10A	7.5A
说明	空调系统	EPB ECU	EPB ECU	SRS	左后车窗	右后车窗	右前车窗	预留	转向轴锁	门锁	室内灯	模块常电II	后雾灯
编号	F2/27	F2/28	F2/29	F2/30	F2/31	F2/32	F2/33	F2/34	F2/35	F2/36			
规格	15A	15A	预留	7.5A	10A	15A	10A	7.5A	30A	30A			
说明	预留	点烟器	预留	ACC	外后视镜加热	DC	高压配电箱	网关双路电	预留	刮水器			

继电器

编号	K2-1	K2-2	K2-4	K2-5
规格	30A	30A	30A	5B-3722100
说明	IG1继电器	ACC继电器	电动车窗继电器	闪光继电器

图 1-1-26 仪表板配电盒熔断器、继电器规格

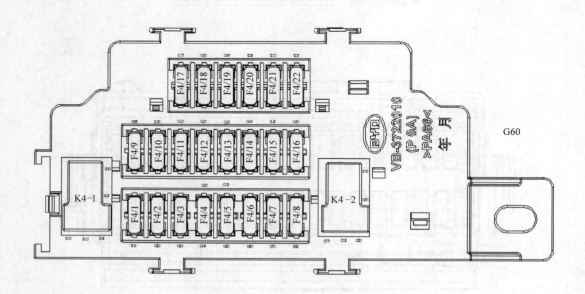

图 1-1-27 仪表板配电盒II熔断器、继电器编号示意图

熔断器

编号	F4/1	F4/2	F4/3	F4/4	F4/5	F4/6	F4/7	F4/8	F4/9	F4/10	F4/11	F4/12	F4/13
规格	10A	15A						20A	30A	20A	7.5A		30A
说明	主控ECU	VTOG	预留	预留	预留	预留	预留	出租车设备ACC电	主EPB	出租车设备常电	充电枪电锁	预留	右EPB

编号	F4/14	F4/15	F4/16	F4/17	F4/18	F4/19	F4/20	F4/21	F4/22
规格	7.5A		15A						
说明	动力电池管理器	预留	P档电机	预留	预留	预留	预留	预留	预留

继电器

编号	K4-1	K4-2
规格	30A	30A
说明	双路电继电器Ⅱ	出租车设备继电器

图 1-1-28 仪表板配电盒Ⅱ熔断器、继电器规格

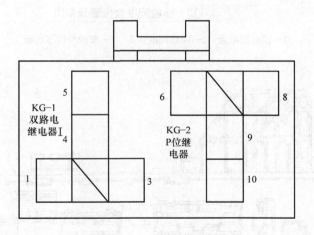

图 1-1-29 仪表外挂继电器编号示意图

编号	KG-1	KG-2
规格	30A	30A
说明	双路电继电器Ⅰ	P位电机继电器

图 1-1-30 仪表外挂继电器规格

（4）前舱配电盒

前舱配电盒分布，如图 1-1-31~ 图 1-1-38 所示。

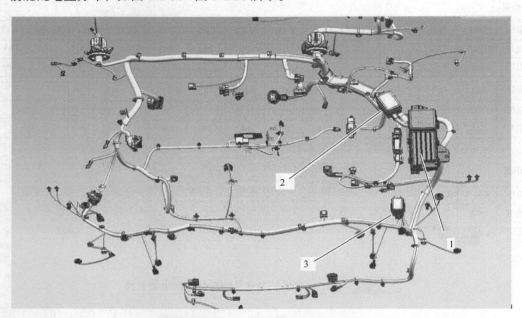

图 1-1-31　前舱配电盒位置分布图

1—前舱配电盒　2—前舱配电盒Ⅱ　3—前舱外挂继电器

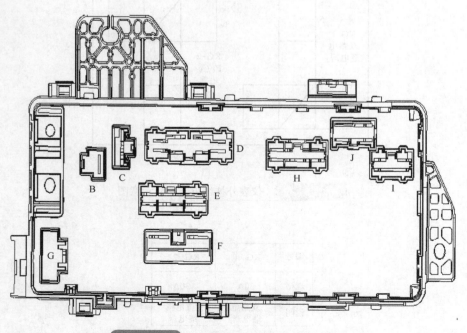

图 1-1-32　前舱配电盒插接件编号示意图

项目 1　新能源汽车电路识图

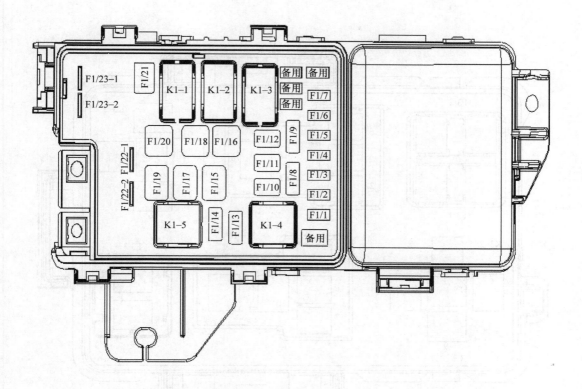

图 1-1-33　前舱配电盒熔断器、继电器编号示意图

熔断器

编号	F1/1	F1/2	F1/3	F1/4	F1/5	F1/6	F1/7	F1/8	F1/9	F1/10	F1/11	F1/12	F1/13
规格	10A	10A	10A	10A	30A	15A	7.5A	15A	10A	20A	10A	10A	15A
说明	右远光灯	左远光灯	左近光灯	右近光灯	风扇1	示宽灯	MCU	直流充电	预留	前雾灯	预留	空调水泵	转向灯

编号	F1/14	F1/15	F1/16	F1/17	F1/18	F1/19	F1/20	F1/21	F1/22-1	F1/22-2	F1/23-1	F1/23-2
规格	20A	40A	30A	25A	40A	40A	40A	40A		60A	50A	60A
说明	喇叭、制动灯	后除霜	风扇2	ESP/ABS	电动真空泵	ESP/ABS	电动真空泵	鼓风机	预留	仅配-Ⅰ	仅配-Ⅱ	仅配-Ⅱ

继电器

编号	K1-1	K1-2	K1-3	K1-4	K1-5
规格	35A	35A	35A	35A	35A
说明	鼓风机继电器	空调水泵继电器	后除霜继电器	前雾灯继电器	预留

图 1-1-34　前舱配电盒熔断器、继电器规格

33

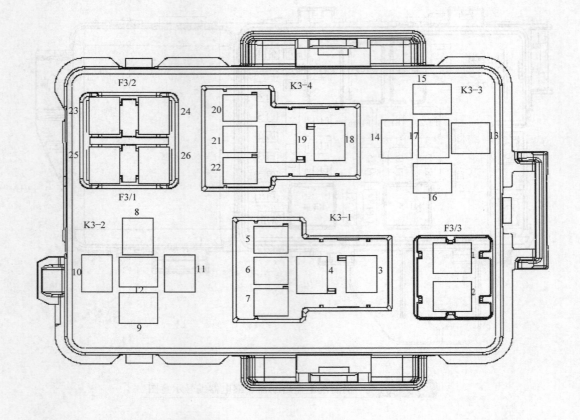

图 1-1-35 前舱配电盒Ⅱ熔断器、继电器编号示意图

编号	K3-1	K3-2	K3-3
规格	30A	40A	40A
说明	直流充电继电器	电动真空泵继电器	电动真空泵继电器

编号	F3/2
规格	7.5A
说明	电动真空泵继电器检测

图 1-1-36 前舱配电盒Ⅱ熔断器、继电器规格

项目1 新能源汽车电路识图

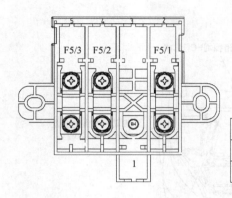

编号	F5/1	F5/2	F5/3
规格	100A	125A	100A
说明	R-EPS	预留	P档电机

图 1-1-37　前舱正极配电盒熔断器、继电器规格

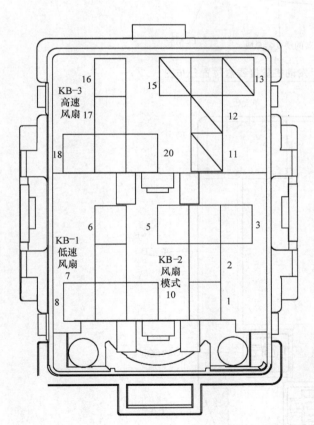

编号	KB/1	KB/2	KB/3
规格	30A	30A	30A
说明	低速风扇继电器	风扇模式继电器	高速风扇继电器

图 1-1-38　前舱外挂继电器编号示意图及规格

35

2.1.2　丰田普锐斯电路元件实车识别

以 2011 年 12 月之后生产的丰田普锐斯为例。

（1）发动机舱（图 1-1-39~图 1-1-45）

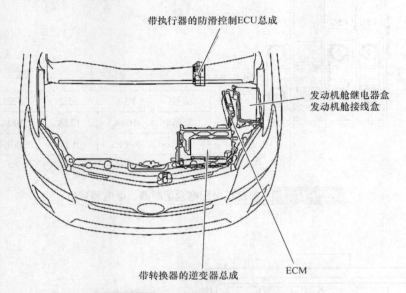

图 1-1-39　发动机舱接线盒位置分布图

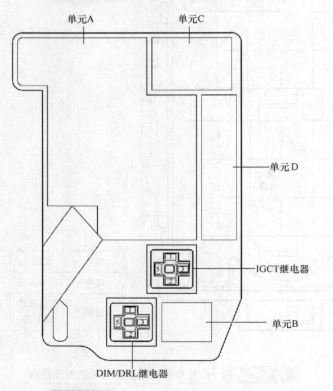

图 1-1-40　发动机舱接线盒位置示意图

项目 1　新能源汽车电路识图

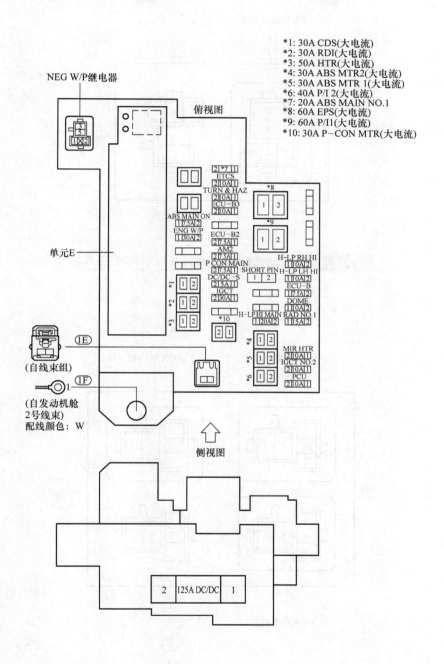

图 1-1-41　发动机舱接线盒单元 A 编号示意图及规格

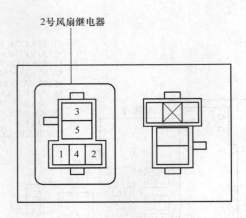

图 1-1-42　发动机舱接线盒单元 B 编号示意图及规格

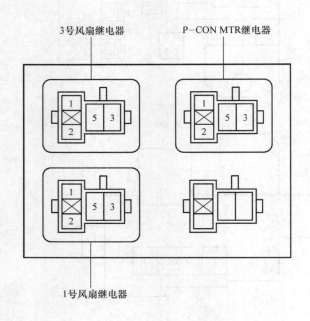

图 1-1-43　发动机舱接线盒单元 C 编号示意图及规格

项目1 新能源汽车电路识图

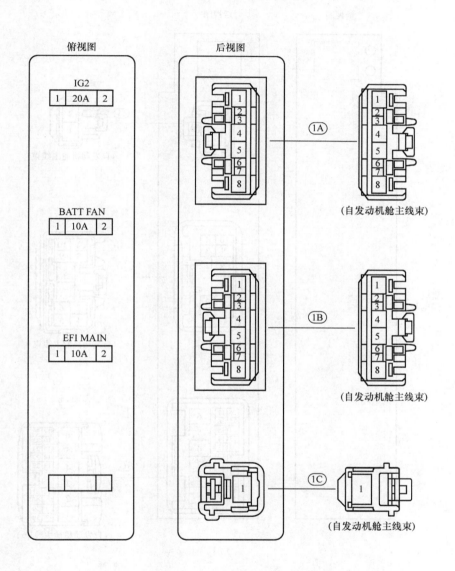

图 1-1-44 发动机舱接线盒单元 D 编号示意图及规格

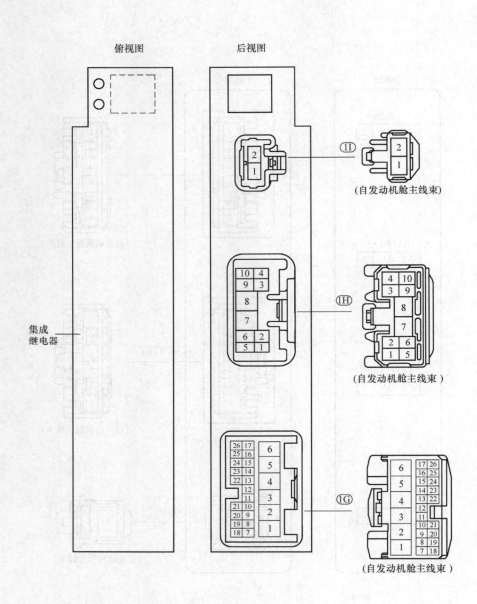

图 1-1-45 发动机舱接线盒单元 E 编号示意图及规格

（2）仪表板（图 1-1-46～图 1-1-53）

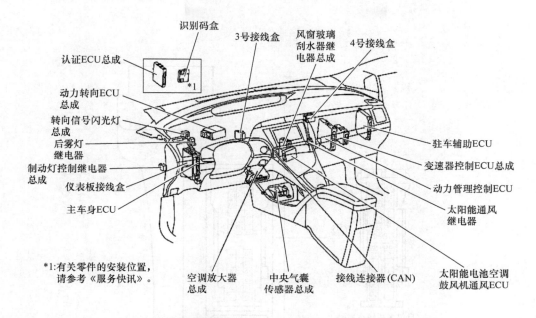

图 1-1-46　仪表板接线盒位置分布图

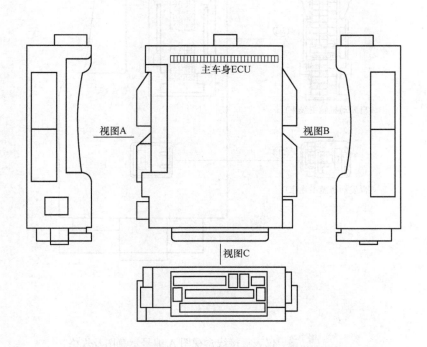

图 1-1-47　仪表板接线盒编号示意图

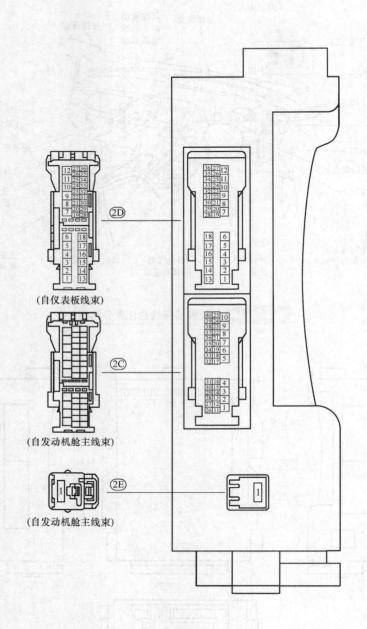

图 1-1-48 仪表板接线盒视图 A 编号示意图及规格

项目 1 新能源汽车电路识图

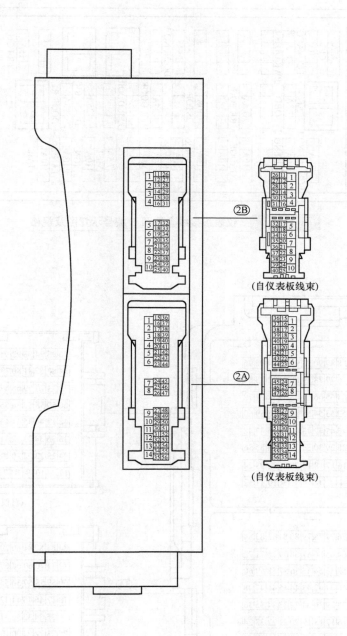

图 1-1-49 仪表板接线盒视图 B 编号示意图及规格

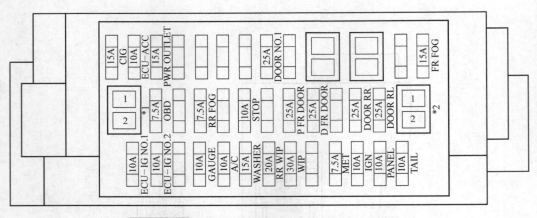

图 1-1-50 仪表板接线盒视图 C 编号示意图及规格

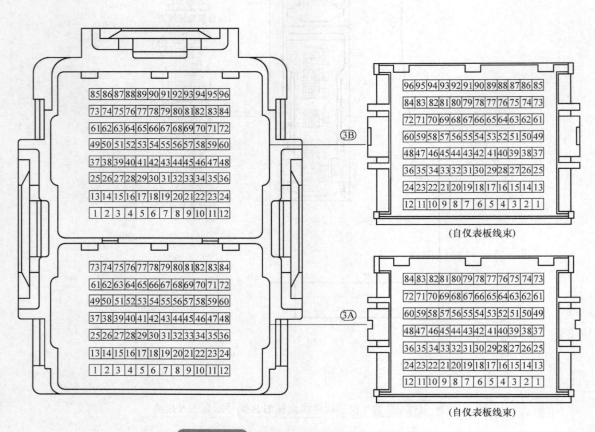

图 1-1-51 仪表板 3 号接线盒编号示意图

项目 1　新能源汽车电路识图

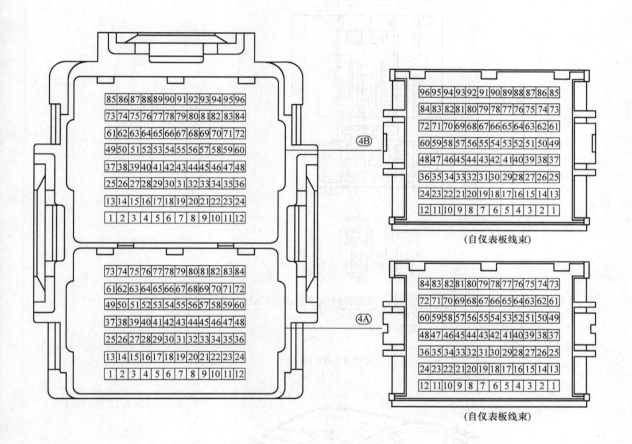

图 1-1-52　仪表板 4 号接线盒编号示意图

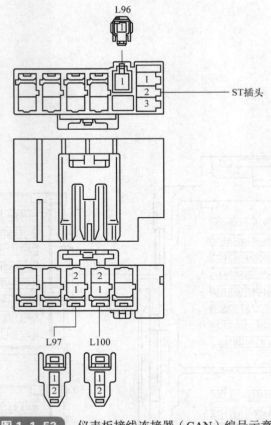

图 1-1-53　仪表板接线连接器（CAN）编号示意图

（3）行李箱（图 1-1-54、图 1-1-55）

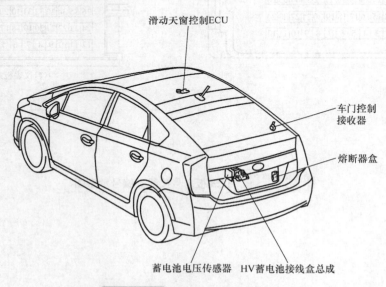

图 1-1-54　行李箱接线盒分布图

项目 1　新能源汽车电路识图

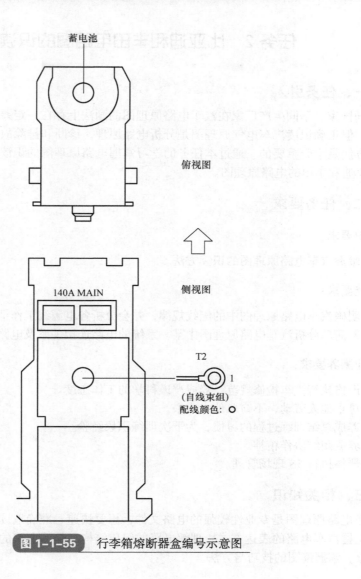

图 1-1-55　行李箱熔断器盒编号示意图

五、学习检查

任务	1. 请在比亚迪 e5 上找出 12V 铁电池、正极熔断器盒、前舱配电盒、前舱配电盒Ⅱ、前舱线束外挂继电器、仪表板配电盒、仪表板配电盒Ⅱ、仪表板外挂继电器 2. 请写下它们的作用
笔记	

任务2　比亚迪和丰田电路图的识读方法

一、任务引入

不同国家、不同生产厂家在汽车电路原理图的画法上存在一定差异，这给电路识图带来许多困难。但正确识读汽车电气原理图是分析电路原理，诊断和排除故障的基础，掌握汽车电路识读的方法是十分重要的。通过本任务的学习掌握电路原理图的识读原则，并能根据识读方法分析比亚迪和丰田的电路原理图。

二、任务要求

知识要求：

- 掌握汽车电路原理图的识读方法。

技能要求：

- 明确汽车电路原理图中的配线规律，并会分析各电源线工作情况。
- 能简单分析汽车电路原理图中某一系统的电路连接关系及电路走向。

职业素养要求：

- 严格执行汽车检修规范，养成严谨科学的工作态度。
- 尊重他人劳动，不窃取他人成果。
- 养成总结训练过程的习惯，为下次训练积累经验。
- 养成团结协作精神。
- 严格执行5S现场管理。

三、相关知识

汽车电路原理图是专业性较强的电路文件，想要快速、准确地读懂汽车电路原理图，就要很好地把握汽车电路的表达方式，理解电路的组成结构，熟悉电路的配线规律，分清电路图的组成部分，掌握读图的技巧与方法。

1. 汽车电路的表达方法

1.1　由集中到分散

汽车电路的特点之一就是采用了并联单线制的接法，这意味着局部电路之间相互独立（各系独立）。因此，读图的第一步就是将局部电路从全车电路中分离出来。

1.2　汽车电路配线的基本规律

汽车电器线束连接三大中心，分别为中央配线盒、仪表接线盒和开关。中央配线盒（熔断器与继电器盒）是所有电器的电源接线源头。仪表接线盒是几乎所有电器的电源接线终点。开关不仅是线束的中心，还是各局部电路的控制核心，开关的功能反映了局部电路的主要功能。总之，电路分析要抓住开关的核心作用。

1.3　控制对象的回路

电路读图的目的是找出正确的回路，确定回路中的导线、插座、熔断器、继电器及各种元件，从而分析故障点。控制对象的回路电流由正极到负极，由电源到搭铁点。规范的汽车电路原理图自上而下。继电器电路要分别分析控制回路和开关回路。

2. 汽车电路图的识读原则和方法

2.1 善于化整为零

一般情况下，一个完整的电路图很复杂，化整体为部分，可以有重点地进行分析。此外，各单元电路有自身的一些特点，以其特点为指导去分析电路就会减少盲目性。例如，汽车电路按功能分一般由电源系统、起动系统、点火系统、照明及信号系统、仪表与警告系统、空调系统、音响系统及附属系统等八大系统组成。

2.2 仔细阅读图注

对照图注熟悉元件的名称、位置、在全车电路中的数量、接线数量，哪些是常见元件，哪些是新颖、独特、复杂的元件。只要认真去做，就可以初步了解一大半电路特点，同时也能较快地发现整车电路的重点与难点。

2.3 熟悉电器元件及配线

清楚电路所包含的电器设备种类，在分析某个电路系统时，要清楚该电路中所包含的各部件的功能、作用和技术参数等。

现代汽车的线路如同人的神经一样分布在各个区域，而线路中的配线插接器、接线盒、继电器、搭铁点等如同神经的"节点"。因此熟悉这些电器元件在电路图中的表示符号、位置、连接方式及内部电路，对阅读汽车电路图会有很大帮助。在阅读接线图时，要正确判断接点标记、线型和色码标志。需指出的是，标记颜色的字母因国别而异，美国、日本及我国采用英文字母，德国采用德文字母。

2.4 注意开关和继电器

开关是控制电路通断的关键。我们通常按操纵开关的功能及不同工作状态来分析电路的工作原理。现代汽车电路中经常采用各种继电器对一些复杂电路进行控制。了解继电器的工作状态，特别是一些电子继电器的工作状态，对分析电路大有帮助。

例如点火系统供电电路，点火开关应处于点火档或起动档。在标准画法的电路图中，开关总是处于零位，即开关处于断开状态，电子开关的状态则视具体情形而定。这里所说的电子开关主要包括晶体管及晶闸管等具有开关特性的电子元件。

在一些复杂控制电路中，一个主开关往往汇集许多导线，分析汽车电路时应注意以下问题：

- 蓄电池（或发电机）的电流是通过什么路径到达这个开关的熔断器，这个开关是手动还是电控的。
- 这个开关控制哪些用电器，每个被控用电器的作用是什么。
- 开关的许多接线柱中，哪些是直通电源的，哪些是接用电器的，接线柱旁是否有接线符号，这些符号是否常见。
- 开关共有几个档位，在每一档中，哪些接线柱有电，哪些无电。
- 在被控的用电器中，哪些电器应经常接通，哪些应短暂接通，哪些应先接通，哪些应后接通，哪些应单独工作，哪些应同时工作，哪些用电器不允许同时接通。

2.5 分清控制电路和工作电路

阅读电路图时，可把含有线圈和触点的继电器，看作由线圈工作的控制电路和触点工作的主电路两部分。主电路中的触点只在线圈电路中有工作电流流过后才能动作。

2.6 牢记回路原则

阅读电路图时，应掌握回路原则，即电路中工作电流是由电源正极流出，经用电设备后流回电源负极。电路中，只有电流流过用电设备时，用电设备才能工作。关键在于通过查看电源线和搭铁线，了解一个电路的基本构成，根据回路原则看哪些元件共用一根线，找出电路的内在联系和规律。

2.7 抓住汽车电路的主干线

汽车电路有单线制、电器相互并联、负极搭铁的共性，加上某些电器开关在电路中的控制作用，因此一般可分成几条主干线，在每条主干线上都接有相应的支路熔断器及支路用电器。抓住这几条主干线，对于查找电路，常有事半功倍的效果。

四、任务实施

1. 任务准备

安全防护：无。
工具设备：无。
台架车辆：无。
辅助资料：汽车维修手册或电路图、白纸、直尺、教材。

2. 实施步骤

2.1 丰田汽车电路原理图的识读

2.1.1 丰田汽车电路原理图的特点

丰田汽车整车电路原理图根据功能不同分为多个单元电路，在相应的电路图上方标出该单元电路名称。每个单元电路都连同电源电路一起画出，使各单元电路既能清晰地表达出独立的电路回路，又能反映出彼此间构成整车电路的关系。

电路图中一般直接标出元件的名称，导线颜色则用相应字母表达。部分元件还画出内部电路，使读图更为方便。

2.1.2 丰田汽车电路图的识读

各系统电路的实际配线显示为从接收到蓄电池电源的点一直到各搭铁点（所有电路图都在开关置于 OFF 位的情况下表示）。进行任何故障排除时，首先要了解所检测的故障电路的运行情况，然后要了解为此电路供电的电源及其搭铁点。因此，进行故障排除时需要阅读系统电路、电源电路及搭铁电路。

了解电路运行情况后，便可开始对故障电路进行检测，以找出故障原因。参照相关资料查找各系统电路的零件、接线盒和线束连接器、线束间连接器及搭铁点。所标出的每个接线盒的内部配线也有助于理解接线盒内部的线路连接情况。

与各系统相关的配线在每个系统电路内用箭头来表示。如需总体连接信息，请参见维修手册末尾的"总体电路图"。

下面以"制动灯"电路为例（图1-2-1），进行丰田汽车电路图的识读。

图1-2-1中的英文字母标识含义如下。

[A]：系统标题。

[B]：表示继电器盒。未用阴影表示，仅表示继电器盒编号，以与接线盒区分。

示例： ① 表示1号继电器盒。

[C]：车型、发动机类型或规格不同时，用（ ）来表示不同的配线和连接器等。

[D]：表示相关联的系统。

项目 1　新能源汽车电路识图

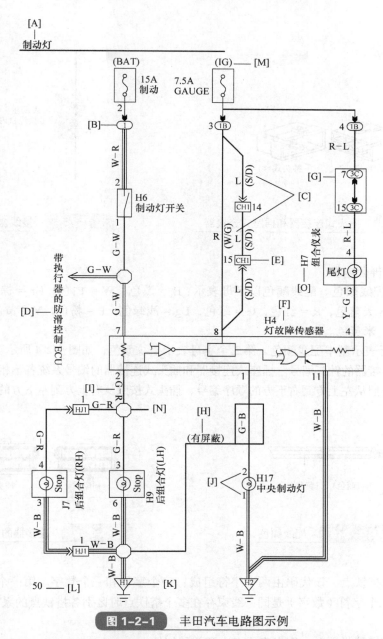

图 1-2-1　丰田汽车电路图示例

[E]：表示用来连接线束的插头式连接器和插座式连接器的代码。连接器代码由三个字符组成。连接器代码的第一个字符是插座式连接器线束上的字母代码，第二个字符是插头式连接器线束上的字母代码，第三个字符（数字）用来区别多个相同线束组合。线束组合的系列号（如 CH1 和 CH2）。符号 (⌵) 表示插头式端子连接器，如图 1-2-2 所示。连接器代码外侧的数字表示插头式连接器和插座式连接器的针脚编号。

[F]：代表零件（所有零件均以天蓝色表示）。该代码与零件位置中使用的代码相同。

[G]：接线盒（圆圈中的数字为接线盒编号，连接器代码显示在旁边）。接线盒以阴影表示（图 1-2-3），用来明确区别于其他零件。

51

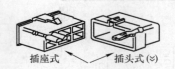

图 1-2-2　插头式连接器和插座式连接器

图 1-2-3　接线盒符号

[H]：表示屏蔽电缆。

[I]：表示配线颜色。配线颜色以字母表示：B = 黑色，W = 白色，Br = 棕色，L = 蓝色，V = 紫色，SB = 天蓝色，R = 红色，G = 绿色，Lg = 浅绿色，P = 粉色，Y = 黄色，Gr = 灰色，O = 橙色，BE = 米黄色。

第一个字母表示基本配线颜色，第二个字母表示条纹颜色，如图 1-2-4 所示。

[J]：表示连接器的针脚编号。插座式连接器和插头式连接器的编号系统各不相同，如图 1-2-5 所示。插座式按照从左上方到右下方的顺序编号，插头式按照从右上方到左下方的顺序编号。

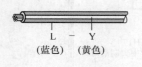

图 1-2-4　配线颜色

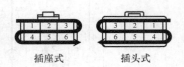

图 1-2-5　连接器的针脚编号

[K]：表示搭铁点。该代码由两个字符组成：一个字母和一个数字。第一个字符是线束的字母代码，第二个字符（数字）是同一线束存在多个搭铁点时区别各搭铁点的系列号。

[L]：页码。

[M]：向熔断器供电时，用来表示点火开关的档位。

[N]：表示配线接合点。

[O]：线束代码。各线束以代码表示。线束代码用于表示零件代码、线束间连接器代码和搭铁点代码。例如：H7（组合仪表）、CH1（插头式线束间连接器）和 H2（搭铁点）表示它们是同一线束 H 的零件。

在每个系统电路图结束后都有解释说明，如图 1-2-6 所示。

[Q] ◯：继电器盒

代码	继电器盒(继电器盒位置)
1	1号继电器盒(仪表板左侧支架)

[R] ◯：接线盒和线束连接器

代码	接线盒和线束(连接器位置)
3C	仪表板线束和3号接线盒(仪表板侧支架)
IB	仪表板线束和仪表板接线盒(下装饰板)

[S] ▭：连接线束和线束的连接器

代码	接线盒和线束(连接器位置)
CH1	发动机舱主线束和仪表板线束(左侧踏脚板)
HJ1	仪表板线束和地板线束(右侧踏脚板)

[T] ▽：搭铁点

代码	搭铁点位置
H1	左侧中柱下方
H2	背板中间

图 1-2-6　系统电路图解释说明

[P]：表示车辆系统电路中零件位置的参考页。示例：代码"H4"（灯故障传感器）在维修手册的第 36 页。代码的第一个字符表示线束的字母代码，第二个字符表示与线束连接的零件系列号。

[Q]：表示系统电路中车辆继电器盒连接器位置的参考页。示例：连接器"1"在维修手册第 18 页加以说明，它安装在仪表板左侧。

[R]：表示系统电路中车辆接线盒和线束位置的参考页。示例：连接器"3C"连接仪表板线束和 3 号接线盒。在维修手册第 22 页加以说明，它安装在仪表板左侧。

[S]：表示线束间连接器的参考页（首先显示插座式线束，然后显示插头式线束）。示例：连接器"CH1"连接发动机舱主线束（插座式）和仪表板线束（插头式）。在维修手册第 42 页加以说明，它安装在左侧踏脚板上。

[T]：表示车辆上搭铁点位置的参考页。示例：搭铁点"H2"在维修手册第 50 页加以说明，它安装在中央背板上。

搭铁点电路图（图 1-2-7）显示了从所有主要零件至相应搭铁点的连接。在对某一个发生故障的搭铁点进行检修时，检查使用共有搭铁点的系统电路可迅速确定故障搭铁点。搭铁点（图 1-2-7 所示 A1、A2 和 D4）之间的关系也可用此方法检查。

"电流图"说明了各电源（易熔丝、熔断器和断路器）将电流传送到哪些零件，如图 1-2-8 所示。

电源电路如图 1-2-9 所示，该图说明了用蓄电池向各系统供电的条件。所有系统电路图都起始于电源，因此必须充分了解电源系统。

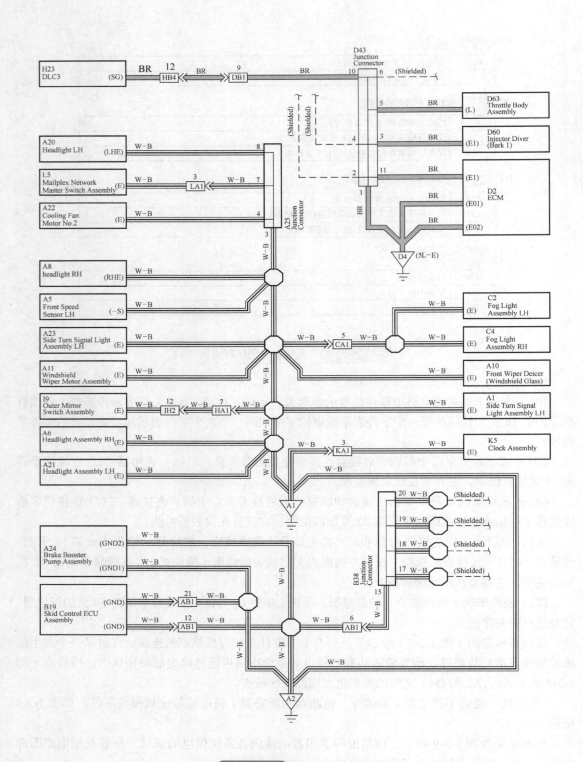

图 1-2-7　搭铁点电路图

项目 1　新能源汽车电路识图

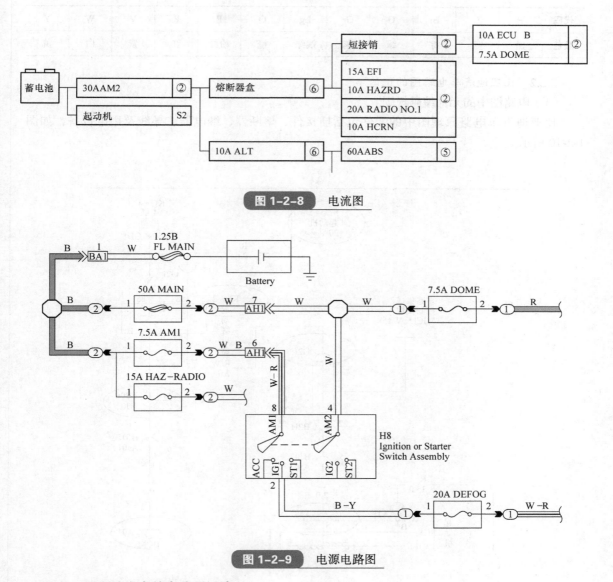

图 1-2-8　电流图

图 1-2-9　电源电路图

2.2　比亚迪汽车的电路图识读

2.2.1　比亚迪汽车电路图的特点

- 比亚迪电路图中的线束零部件明细编号规则参照 BYDXS-SG-001-2008 中的要求。
- 比亚迪电路图中的接插件命名、配电盒接口命名，电路维修图中熔断器、继电器等回路元素编码规则，参照 BYDXS-SG-001-2008 中的要求。
- 比亚迪电路图中的接插件孔位定义，按照比亚迪汽车工程研究院电器部线束科默认数法原则来定义。特殊接插件的孔位定义规则参照 BYDXS-SG-008-2008 中的要求。
- 比亚迪电路图中的电路维修除电路图外，还包括用电器搭铁网络图。
- 比亚迪电路图中的线色说明见表 1-2-1。

表 1-2-1　比亚迪电路图中的线色

代码	B	L	Br	G	Gr	Lg	O	P	R	V	W	Y
颜色	黑	蓝	棕	绿	灰	浅绿	橙	粉红	红	紫	白	黄

2.2.2　比亚迪汽车电路图的识读

（1）电路图中的元件编码规则

比亚迪汽车电路原理图中的元件包括插接件、熔断器、继电器、导线及用电设备，如图 1-2-10 所示。

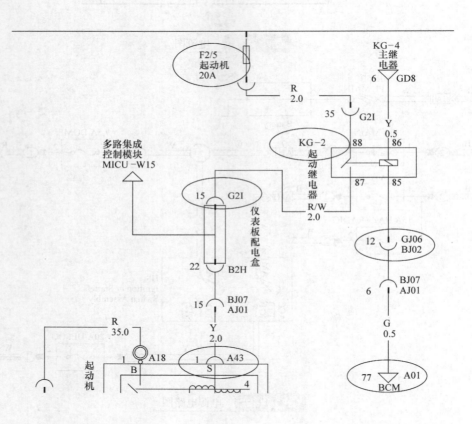

图 1-2-10　比亚迪汽车电路原理图中的元件

1）插接件编码规则：由 3 部分组成，分为 3 种类型，如图 1-2-11 所示。

项目 1 新能源汽车电路识图

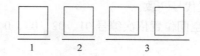

第一位 位置	第二位 类别	第三位 排序
线束代码(字母)	线束对接编号J	接插件编号(数字)
	空	
	配电盒代码	配电盒端口(字母)

图 1-2-11　比亚迪汽车插接件编码

- 位置编码，即线束代码：采用 A、B、C、G、K… 表示，该位取决于回路元件所属线束的位置，对应关系参照表 1-2-2。

表 1-2-2　位置编码

线束名称	装配位置	编码	备注
发动机线束 1	发动机	A	如有多条，采用 Ab、Ac、Ad 等
发动机线束 11	前舱	Ab	如有多条，采用 Ab、Ac、Ad 等（S6）
前舱线束	前舱	B	如有多条，采用 Ba、Bc、Bd 等
前横梁线束	前横梁	C	如有多条，采用 Ca、Cb、Cd 等
前保险杠线束	前保险杠	D	如有多条，采用 Da、Db、Dc 等
蓄电池负极线	蓄电池	Ea	
蓄电池正极线	蓄电池	Eb	

- 类别编码采用 1、2…… 或大写字母 J 表示，分为以下三种情况：
  ✓ 该回路元件如果是配电盒上的插接件，则此位代码采用序号 1、2、3…… 表示，配电盒编码见表 1-2-3。

表 1-2-3　配电盒编码

配电盒名称	编码	配电盒名称	编码
前舱配电盒	1	仪表板配电盒Ⅱ	4
仪表板配电盒	2	正极配电盒Ⅰ	5
前舱配电盒Ⅱ	3	正极配电盒Ⅱ	8

  ✓ 该回路元件如果是线束间的对接插接件，则此位代码采用字母 J 表示。
  ✓ 该回路元件如果是接车用电器模块的插接件、继电器座，则此位为空。

- 排序编码采用大写字母 A、B、C、D、E、F…… 或两位数字 01、02、03、04、05…… 表示，分为以下两种情况：
  ✓ 该回路元件如果是配电盒上的插接件，则此位代码采用 A、B、C、D、E、F…… 表示，该位与插接件所插配电盒的插口位置代号一致。

✓ 其他回路元素按所在线束的空间位置依次编号01、02、03、04、05……

举例：

仪表板线束上接用电器的插接件：G05。

仪表板线束上的对接插接件：GJ01。

仪表板线束上接配电盒的插接件：G2A。

- 插接件针脚的识别

插接件自锁方向朝上，其插头引脚按从左到右、从上到下进行编号。插接件插座引脚按从右到左、从上到下进行编号，如图1-2-12所示。

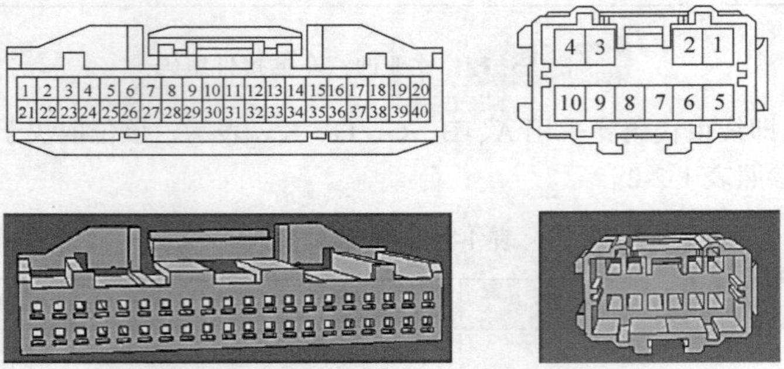

图 1-2-12　插接件针脚识别

- 导线主要有标准线、双绞线和屏蔽线三种，识别方法见表1-2-4。

表 1-2-4　导线的识别

导线类型	作用	图例	电路图中的标识
标准线	用于一般情况的导线连接，无屏蔽要求	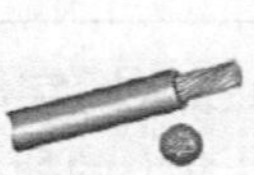	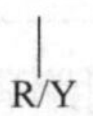 R/Y 1.25
双绞线	在低频情况下，双绞线可靠自身来抗拒外来干扰及相互之间的串音，例如低速CAN、扬声器		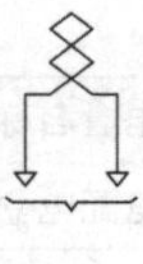
屏蔽线	能将辐射降低到一个范围内，或防止辐射进入导线内部，造成信号干扰，例如音频信号线（屏蔽网搭铁）	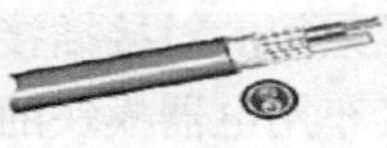	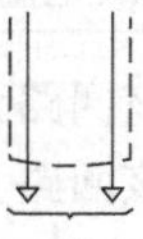

标注导线颜色时，一般用表1-2-5所示的字母。

表 1-2-5　导线的颜色标注

记号	颜色	色	记号	颜色	色
W	WHITE	白色	Br	BROWN	棕色
Y	YELLOW	黄色	B	BLACK	黑色
O	ORANGE	橙色	Lg	LIGHT GREEN	淡绿色
L	BLUE	蓝色	G	GREEN	绿色
P	PINK	粉红色	Gr	GRAY	灰色
R	RED	红色	V	VIORET	紫色
Sb	SKY BLUE	天蓝色	/		丝图线的金属线

双色导线的线色布置如图 1-2-13 所示，主色蓝色、辅色黄色，因此标记为 L/Y。

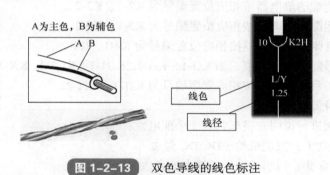

图 1-2-13　双色导线的线色标注

2）熔断器编号规则：由 4 部分组成，如图 1-2-14 所示。

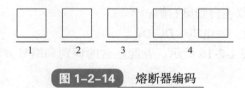

图 1-2-14　熔断器编码

- 类别代码：统一采用 F 表示。
- 位置代码：配电盒处用数字表示，外挂熔断器与插接件编码相同。
- 分隔代码：采用"/"表示。
- 排序代码：采用 1、2、3……表示，按照配电盒的熔断器插槽的顺序号进行排列。

举例：

前舱配电盒附配的熔断器按相应位置编号为 F1/1、F1/2……

仪表板配电盒附配的熔断器按相应位置编号为 F2/1、F2/2……

仪表板配电盒Ⅱ附配的熔断器按相应位置编号为 F4/1、F4/2……

正极配电盒Ⅰ附配的熔断器按相应位置编号为 F5/1、F5/2……

正极配电盒Ⅱ附配的熔断器按相应位置编号为 F8/1、F8/2……

地板线束外挂熔断器按相应位置编号为 FX/1、FX/2……

3）继电器编号规则：由 4 部分组成，如图 1-2-15 所示。

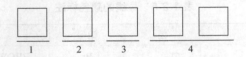

图 1-2-15　继电器编码

- 类别代码：元件内置不可拆卸继电器的采用 Ki 表示，其余采用 K 表示。
- 位置代码：配电盒处用数字表示，外挂继电器与插接件编码相同。
- 分隔代码：采用"-"表示。
- 排序代码：采用 1、2、3……表示。

举例：

前舱配电盒附配的继电器按相应位置编号为 K1-1、K1-2…

仪表板配电盒附配的继电器按相应位置编号为 K2-1、K2-2…

前舱配电盒Ⅱ附配的继电器按相应位置编号为 K3-1、K3-2…

仪表板配电盒Ⅱ附配的继电器按相应位置编号为 K4-1、K4-2…

外挂继电器编号随对应的线束，如 KG-1、KG-2…KC1-1、KC2-1…KX-1

控制模块内部不可拆继电器按相应顺序编号为 KI1-1、KI1-2…

（2）整车配电及低压线束

以比亚迪秦为例进行说明，整车共有 5 个配电盒：

- 正极熔断器盒Ⅰ：发动机舱（DC/DC 旁边）。
- 正极熔断器盒Ⅱ：行李舱（低压铁电池旁边）。
- 前舱配电盒：发动机舱左侧。
- 仪表板配电盒：仪表台管梁左侧。
- 仪表板配电盒Ⅱ：仪表台管梁右侧。

三个电源：低压铁电池、发电机、DC/DC。

整车配电原理图，如图 1-2-16 所示。各配电盒的识别和编号方法与 e5 类似，具体请查阅维修手册。

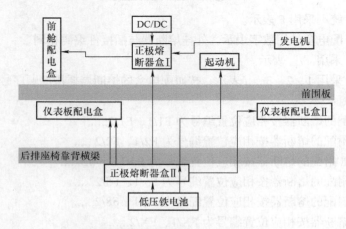

图 1-2-16　整车配电原理图

项目1 新能源汽车电路识图

整车低压线束包括：左前门线束、右前门线束、左后门线束、右后门线束、顶篷线束、仪表板线束、仪表板线束Ⅱ、地板线束、发动机线束、前舱线束、后风窗加热负极线、前横梁线束、后保险杠小线、变速器搭铁线、蓄电池正极线束、蓄电池负极线、高压配电箱搭铁线、DC外壳搭铁线束。

举例：蓄电池正极线束实车布局，如图1-2-17所示。其余线束布局及编号含义请查阅维修手册。

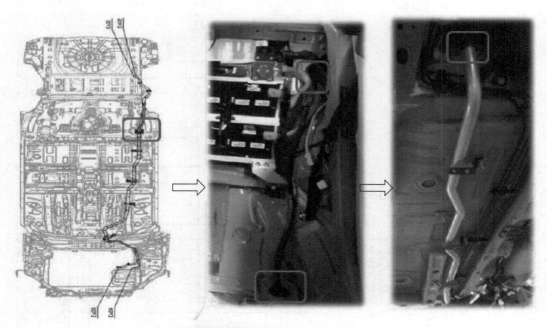

图 1-2-17　蓄电池正极线束

五、学习检查

任务	识读比亚迪 e5 高压电控总成系统电路图，简化出双路电电路图，并解释 DC/DC 是如何工作的
笔记	1. 高压电控总成（VTOG）双路电总供电熔断器为：＿＿＿＿，＿＿＿＿A；高压电控总成（VTOG）常供电熔断器为：＿＿＿＿，＿＿＿＿A。 2. DC/DC 供电熔断器为：＿＿＿＿，＿＿＿＿A；是否为双路电供电：＿＿＿＿；还给＿＿＿＿＿＿＿＿用电设备供电。 3. 高压配电箱供电熔断器为：＿＿＿＿，＿＿＿＿A；是否为双路电供电：＿＿＿＿。 4. GJB05-4 表示的含义：＿＿＿＿＿＿＿＿＿＿＿＿。 5. G2I-32 表示的含义：＿＿＿＿＿＿＿＿＿＿＿＿。

高压电控总成1

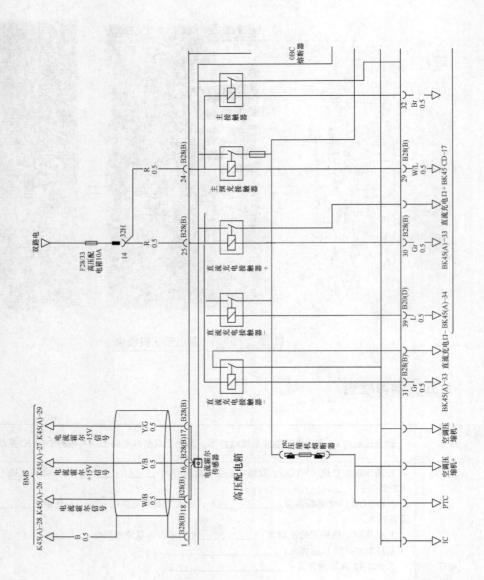

项目1 新能源汽车电路识图

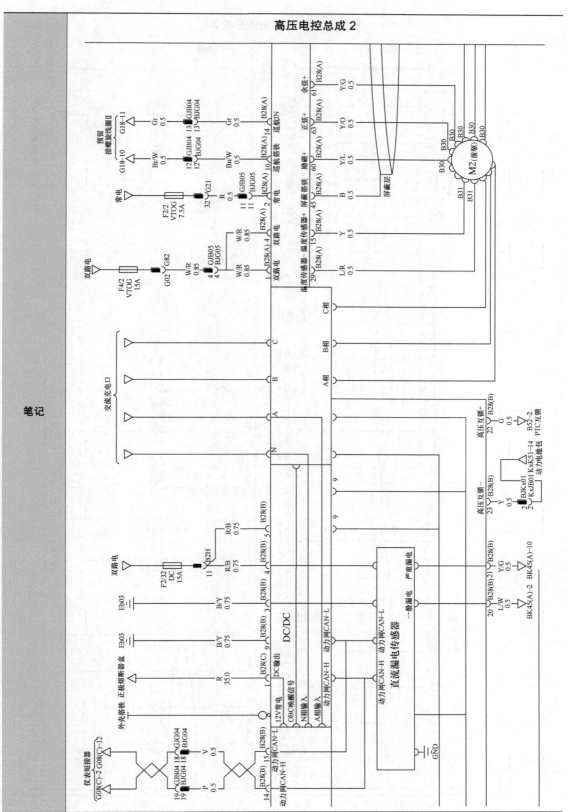

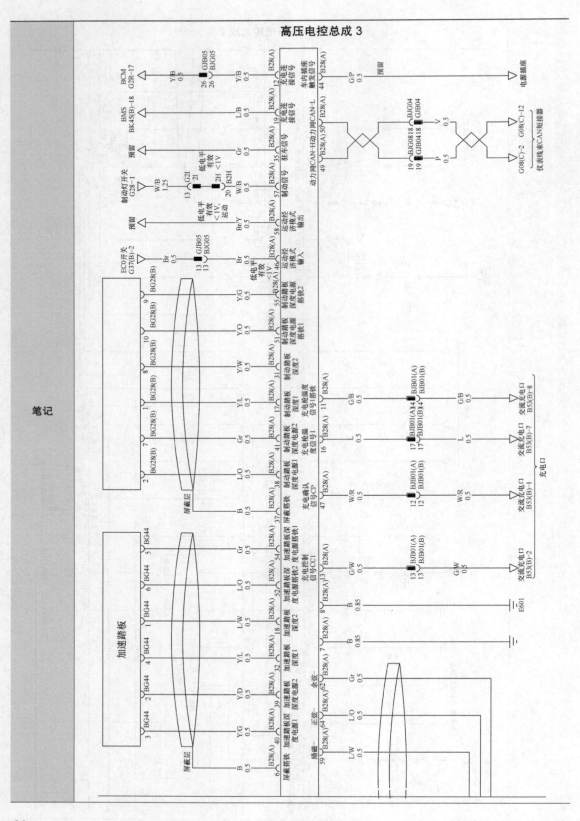

项目 2

整车控制网络系统

项目描述

本项目共 3 个学习任务,分别是:
任务 1 整车控制系统的功能和网关的测量。
任务 2 车载网络框架结构和总线测量。
任务 3 新能源汽车的智能网络系统。
通过 3 个任务的学习,熟悉整车控制系统的功能和控制策略;熟悉整车控制单元端子定义并进行相关信号测量;能独立完成 CAN 总线的测量与故障诊断;了解新能源汽车的智能网络系统。

任务 1 整车控制系统的功能和网关的测量

一、任务引入

整车控制器是车辆控制系统的网关,所有信号都要经它处理,因此又把它称为"网关控制器"。我们可通过行云新能"整车控制系统实训室"的仿真动画了解整车控制系统的功能和控制策略。通过比亚迪 e5 拆解台架熟悉网关控制器针脚定义并进行相关信号测量。

二、任务要求

知识要求:

- 掌握整车控制系统的功能。
- 了解整车控制系统的控制策略。

技能要求：

- 能通过维修手册查找到网关控制器针脚定义。
- 会根据维修手册的指引进行相关信号的测量，并给出维修结论。

职业素养要求：

- 严格执行汽车检修规范，养成严谨科学的工作态度。
- 尊重他人劳动，不窃取他人成果。
- 养成总结训练过程的习惯，为下次训练积累经验。
- 养成团结协作精神。
- 严格执行5S现场管理。

三、相关知识

1. 整车控制系统概述

整车控制器是车辆控制系统的网关，所有信号都要经它处理，如图 2-1-1 所示。

1.1 整车控制部分

整车控制部分的功能主要是判断操纵者意图，根据车辆行驶状态、电池和电机系统的状态合理分配动力，使车辆运行在最佳状态。行车控制模式分以下三级。

- 正常模式：按照驾驶人意图、车辆载荷、路面情况和气候环境的变化，调节车辆的动力性、经济性和舒适性。

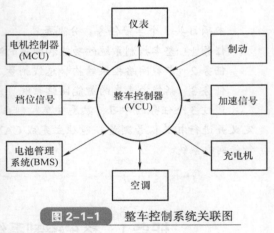

图 2-1-1　整车控制系统关联图

- 跛行模式：当车辆的某个系统出现中度故障时，将不采纳驾驶人的加速请求，启动跛行模式，最高车速 9km/h。
- 停机保护模式：当车辆的某个系统出现严重故障时，控制器将停止发出指令，进入停机状态。

1.2 电机及电机驱动部分

电机及其驱动部分是电能和机械能相互转换的子系统，其功能是接收整车控制器的转矩信号，驱动车辆行驶、转向和再生制动能量回收，同时监控电机系统状态，并进行故障警告和处理。

1.3 电池、电池管理和电压转化部分

这部分的作用主要是进行能量的储存及释放、需要电压的转换和电池状态的检测等。

1.4 传动装置

传动系统在整车中起到动力传递的作用，驱动电机的转矩通过传动系统传递到车轮，使车辆可以按照驾驶人意图行驶。纯电动汽车的传动系统可采用单档减速器，也可与传统汽车一样，采用多档位、手动档、自动档等变速器。

2. 整车控制系统功能

新能源汽车整车控制器主要功能如下：
- 自诊断——整车控制系统自检。
- 故障警告——车辆所有电控系统故障通过仪表显示。
- 通信——全车控制器、诊断仪、充电桩（CAN 线）。
- 驱动控制——转矩需求和旋转方向。
- 能量管理功能——放电和能量回收。
- 辅助系统控制——电动空调、暖风和散热风扇等。
- 整车安全管理——跛行、停机保护、防误操作（不踩制动踏板选档无效）。
- 整车信息管理——车载显示（仪表或多媒体）和远程监控（数据采集终端）。

3. 整车控制策略

结合整车控制器控制功能，就以下方面介绍整车控制策略。

3.1 整车控制方案——控制分级

整车控制器为第一层，其他控制器为第二层，各控制器之间通过 CAN 网络进行信息交换，共同实现整车的功能控制，如图 2-1-2 所示。

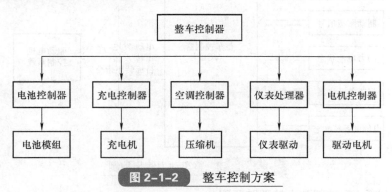

图 2-1-2　整车控制方案

3.2 整车状态获取

（1）整车状态获取方式
- 整车状态的获取：通过车速传感器、档位信号传感器等，以不同的采样周期检测整车的运行状态。
- 通过 CAN 总线获得原车功能模块、动力电池系统、电机驱动系统等状态信息。

（2）整车状态获取内容
- 点火开关状态：OFF、ACC、ON、START。
- 充电监控状态：充电唤醒、连接状态、慢充门板（开 - 关）。
- 档位状态：P、R、N、D。
- 加速踏板位置：加速踏板深度（0~100%）。
- 制动踏板状态：踩制动、未制动。
- BMS 状态：继电器、电压、电流等。
- MCU 状态：工作模式、转速、转矩等。

- EPS、PTC 信息。
- ABS 状态、ICM 状态。

3.3 整车工作模式

整车分为两个工作模式：充电模式、行驶模式。整车控制器由低压唤醒后，周期执行整车模式的判断。其中，充电模式优先于行驶模式。

- 充电模式：充电唤醒信号、（快慢充）充电门板信号或连接确认信号。
- 行驶模式：点火开关置于 ON 档、无充电唤醒信号、无充电门板信号或连接确认信号。
- 模式切换：充电模式不能切换到行驶模式。点火开关置于 ON 档同时充电，此时关闭充电口，车辆不能上高压，需驾驶人将点火开关先置于非 ON 档，再置于 ON 档，方可上高压。

行驶模式可切换到充电模式。整车在行驶模式时，如果检测到有充电需求，则整车控制器需先执行高压下电后，再进行正常的充电流程。

4. 整车动力输出控制

整车动力输出控制核心：工况判断—需求转矩—转矩限制—转矩输出，如图 2-1-3 所示。

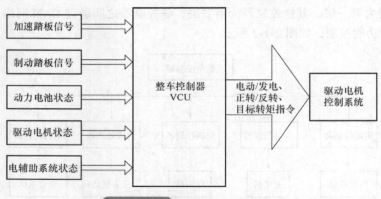

图 2-1-3　整车动力输出控制

4.1　工况判断 - 反映驾驶人的驾驶意图

通过整车状态信息（加速/制动踏板位置、当前车速和整车是否有故障信息等）来判断当前需要的整车驾驶需求（如起步、加速、减速、匀速行驶、跛行、限车速、紧急断高压）。

工况划分为：紧急故障工况、急速工况、加速工况、能量回收工况、零转矩工况、跛行工况。

4.2　转矩需求 - 驾驶人驾驶意图的转换

根据判断得出的整车工况、动力电池系统和电机驱动系统状态，计算出当前车辆需要的转矩。

各工况的需求转矩如下。

- 紧急故障工况：零转矩后切断高压。
- 急速工况：目标车速 7km/h。
- 加速工况：加速踏板的跟随。
- 能量回收工况：发电。
- 零转矩工况：零转矩。
- 跛行工况：限功率、限车速。

4.3 转矩限制与输出 - 驾驶人驾驶意图的实现

根据整车当前的参数和状态及前一段时间的参数及状态,计算出当前车辆的转矩输出能力,根据当前车辆需要的转矩,计算出合理的最终需要实现的转矩。

限制因素主要有:

- 动力电池的允许充放电功率:温度、SOC。
- 驱动电机的驱动转矩/制动转矩:温度。
- 电辅助系统工作情况:放电、发电。
- 最大车速限制:前进档和倒车档。

四、任务实施

1. 任务准备

安全防护:做好车辆高压安全防护与隔离。
工具设备:数字万用表、绝缘防护用品、绝缘工具套装、常规工具套装。
台架车辆:比亚迪 e5 主控制器实训台(行云新能 INW-EV-ZKE52)、比亚迪 e5 分控联动系统(行云新能 INW-EV-E5-FL)、比亚迪 e5 教学版整车。
辅助资料:汽车维修手册、教材。

2. 实施步骤

2.1 比亚迪 e5 网关控制器的更换

比亚迪 e5 整车控制器的安装位置如图 2-1-4 所示。

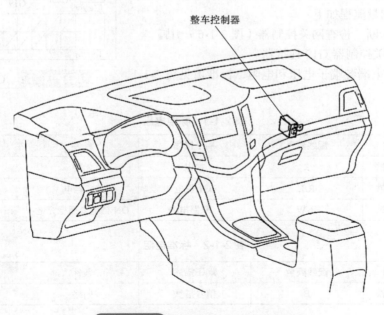

图 2-1-4 比亚迪 e5 整车控制器

先拆卸杂物盒，再拆卸整车控制器，安装顺序与拆卸顺序相反，如图 2-1-5 所示。
- 断开接插件。
- 用 10# 套筒拆卸 1 个螺栓。
- 取下整车控制器。

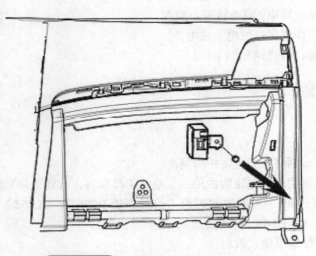

图 2-1-5　比亚迪 e5 整车控制器更换

2.2　比亚迪 e5 网关信号测量

比亚迪 e5 整车控制器（以下称网关控制器）针脚定义及相关信号测量流程如下：

（1）终端诊断　检查网关控制器（图 2-1-6）引脚。

1）断开网关控制器 G19 连接器。

2）检查线束端各端子电压和电阻，标准值见表 2-1-1 和表 2-1-2。

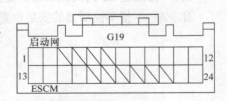

图 2-1-6　G19 连接器

表 2-1-1　标准电压

端子号（符号）	配线颜色	端子描述	条件	规定状态
G19-16—车身搭铁	R	常电	始终	11~14V
G19-12—车身搭铁	R/L	IG1 供电	ON 档电	11~14V
G19-24—车身搭铁	R/W	双路电	ON 档电或插枪充电	11~14V

表 2-1-2　标准电阻

端子号（符号）	配线颜色	端子描述	条件	规定状态
G19-11—车身搭铁	B	信号搭铁	始终	小于 1Ω

（2）全面诊断流程

网关及外围电路如图 2-1-7 所示。

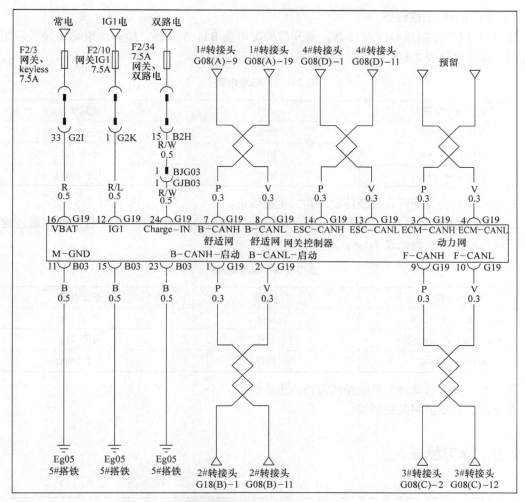

图 2-1-7　网关及外围电路

检查步骤：

1）检查电源。

① 断开网关控制器 G19 连接器。

② 检查线束端连接器各端子电压和电阻，标准值见表 2-1-3 和表 2-1-4，若正常进行下一步。

表 2-1-3　标准电压

端子号（符号）	条件	规定状态
G19-16—车身搭铁	始终	11~14V
G19-12—车身搭铁	ON 档电	11~14V

表 2-1-4　标准电阻

端子号（符号）	条件	规定状态
G19-11—车身搭铁	始终	小于 1Ω

71

2）检查 CAN 通信线路。

① 断开网关控制器 G19 连接器，断开前舱配电盒 B11 连接器，检查线束端连接器各端子间电阻，标准值见表 2-1-5。

表 2-1-5　标准电阻

端子号（符号）	条件	规定状态
B11-2—G19-7	始终	小于 1Ω
B11-1—G19-8	始终	小于 1Ω
G19-7—G19-8	始终	大于 10kΩ

若异常，则为舒适网主线断路或短路，更换线束。

② 断开网关控制器 G19 连接器，断开 Keyless ECU G28（B）连接器，检查线束端连接器各端子间电阻，标准值见表 2-1-6。

表 2-1-6　标准电阻

端子号（符号）	条件	规定状态
G25（B）-12—G19-1	始终	小于 1Ω
G25（B）-6—G19-2	始终	小于 1Ω
G19-1—G19-2	始终	大于 10kΩ

若异常，则为启动网主线断路或短路，更换线束。

若正常，则更换网关控制器。

五、学习检查

任务	阅读比亚迪 e5 主控制器和网关电路图，结合全面诊断流程进行信号测量
笔记	

任务 2　车载网络框架结构和总线测量

一、任务引入

当总线系统出现问题时，很多控制单元将无法通信，车辆无法正常工作。总线特性具有唯一性的规律，因此在诊断时，我们通过总线的概念、数字电路与信号传输、二进制信号和信号电平、拓扑结构、总线结构、速率、传输方向及特点来了解总线特性。根据总线特性能够判断总线的信号测量（标准、对搭铁/对电源短路、互短、休眠、单根断）。

二、任务要求

知识要求：

- 熟悉总线的概念与拓扑结构。
- 掌握不同总线的特性。

技能要求：

- 能通过维修手册查找到不同总线的针脚端子。
- 会根据维修手册的指引进行总线信号的测量，并给出维修结论。

职业素养要求：

- 严格执行汽车检修规范，养成严谨科学的工作态度。
- 尊重他人劳动，不窃取他人成果。
- 养成总结训练过程的习惯，为下次训练积累经验。
- 养成团结协作精神。
- 严格执行 5S 现场管理。

三、相关知识

1. 总线的概念

1.1 传统数据传输方式的缺陷

目前，在汽车上应用的数据传输形式有两种：用独立的数据线进行交换、并行数据传输。

（1）独立的数据线进行交换

共需要 4 条数据线进行数据传输，即每项信息都需要一个独立的数据线，随着汽车控制系统越来越复杂，所需传输的信息量也越来越大。因此，数据线的数量和控制单元的针脚数量也会相应增加。这种数据传输形式只适用于有限信息的数据交换和传输。

（2）并行数据传输

并行（同时）传输数据可以提高传输速度，但需要大量的线缆。在并行传输中，每种信息单元都需要一根线缆。

1.2 总线的概念

为尽可能减少这些不利因素,针对车载网络使用了总线系统,将各控制单元联网。将各控制单元原本独立的处理过程通过双绞线、光缆等相互联系起来,即对所有处理过程进行分配,在整个车载网络系统内完成处理过程,并使这些过程共同发挥作用,从而增加车载网络内的数据交换。以前使用的车载网络已无法实现这些要求。此外,通过这种交换方式还能执行很多新功能。其优势如下:

- 提高整个系统的可靠性。
- 降低布线成本。
- 减少各种电缆数量。
- 减小电缆束横截面积。
- 灵活布线。
- 多重使用传感器。
- 能够传输复杂数据。
- 进行系统变更时更具灵活性。
- 随时能够扩展数据范围。
- 为客户实现新型功能。
- 有效诊断。
- 降低硬件成本。

2. 常用术语

2.1 模拟信号与数字信号

"模拟"一词源于希腊语"Analogos",表示"类似于"。模拟显示数据(信息)指通过直接与数据成比例的连续变化物理常量来表示。模拟信号的特点是可以采用 0~100% 之间的任意值(图 2-2-1)。因此该信号为无级方式,例如指针式测量仪表、汞(水银)温度计、指针式时钟。

在听音乐时,耳朵就会接收到模拟信号(声波连续变化)。电气设备(音响系统、收音机、电话等)以同样的方式通过连续变化的电压表示声音。但当这种电信号由某一设备向另一设备传输时,接收装置接收到的信息与发射装置发送的信息并不完全相同。这是由下列干扰因素造成的:

- 电缆长度。
- 电缆的线性电阻。
- 无线电波。
- 移动无线电信号。

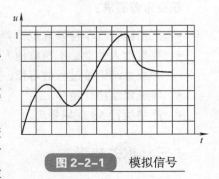

图 2-2-1　模拟信号

出于安全技术的原因,在车辆应用方面不会通过模拟方式传输信息。此外,电压变化太小则无法显示出可靠值(ABS、安全气囊、发动机管理系统等)。

"数字"一词源于拉丁语"Digitus",原表示手指或脚趾。因此,"数字"指可以用几个手指就算清的所有事务,或更确切地说,是分为几个独立阶段的所有事务。数字表示方式就是以数字形式表示不断变化的常量（图 2-2-2）。尤其在计算机内，所有数据都以"0"和"1"的序列形式表示出来（二进制）。因此，"数字"是"模拟"的对立形式，例如数字万用表、数字时钟、CD 和 DVD。

2.2 二进制信号与信号电平

一个二进制信号只能识别两种状态：0 和 1 或高和低（图 2-2-3）。例如：

- 车灯亮起 – 车灯未亮起。
- 继电器已断开 – 继电器已接通。
- 供电 – 未供电。

每个符号、图片和声音都由特定顺序的二进制字符构成，例如 10010110。通过这些二进制编码，计算机或控制单元可以处理信息或将信息发送给其他控制单元。为清楚区分车辆应用方面的高低两种电平状态，明确规定了每种状态的对应范围（图 2-2-4）：

- 高电平为 6~12V。
- 低电平为 0~2V。
- 2~6V 之间的范围是所谓的禁止范围，用于识别故障。

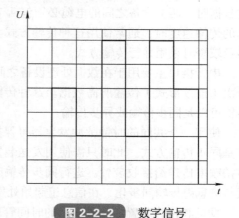

图 2-2-2　数字信号

图 2-2-3　二进制信号

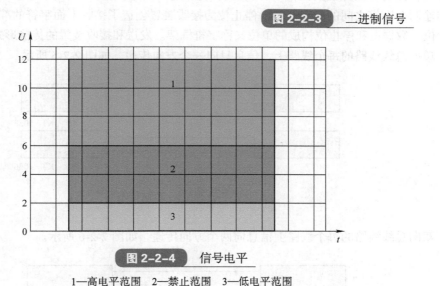

图 2-2-4　信号电平

1—高电平范围　2—禁止范围　3—低电平范围

2.3 信号的传输方向

根据发送装置向接收装置传输信息字节的方式，分为并行和串行传输形式。目前，车辆上并行数据传输方式多在控制单元内部线路中使用，而在控制单元外部传输信息则大都以串行方式进行。

进行并行数据传输时，发送装置向接收装置同时（并行）传输 7~8 位数据。以并行方式传输数据时，两个设备之间的电缆必须包括 7 或 8 根平行排列的导线（加搭铁导线）。因此需要较高的传输速度时，通常使用这种传输方式。但是插接装置和电缆的费用较高，因此只能在传输路径较短时采用并行传输方式。

串行接口主要用于在数据处理设备之间进行数字通信。在一根导线上以 Bit（比特）为单位依次（连续形式）传输所需数据。这种传输方式的优点是降低了布线的时间和成本。串行数据传输可以是同步传输或异步传输。

使用一个共同的时钟脉冲发生器可保持发送装置和接收装置时间管理的同步性。这种方式就是同步传输方式。此时只需使用发送装置的时钟脉冲发生器。必须通过一根单独的导线将其节拍频率传送给接收装置。进行同步传输时，通常以信息组形式发送数据。为此必须使接收装置与信息组传输同步化，在信息组起始处发送一个起始符号，在停止处发送一个停止识别符号。

发送和接收装置之间最常用的时间管理方式是异步传输方式。进行异步数据传输时，发送和接收装置之间没有共同的系统节拍，通过起始位和停止位识别数据组的开始和结束。只有接收装置确认已接收到之前的数据后，发送装置才会传输下面的数据。这种方式相对较慢。此外，数据传输率还取决于总线长度。进行异步数据传输时，仅针对字符的持续时间建立并保持发送和接收装置之间的同步性。这种方式又称起止方式。根据每次达到同步所需的时间，此时的比特率低于同步数据传输时的比特率。

进行异步传输时，每个字符起始处都有一个起始位。接收装置可通过该起始位与发送装置的节拍保持同步。随后发送 5~8 位数据位，并可能发送一个检查位（校验位）。在导线上发送数据位时首先发送最低值数位，最后发送最高值数位。此后还有一或两个停止位。这些停止位用于传输两个字符之间的最小停顿。停止位为接收装置创造了接收下面字符的准备时间。这种由起始位、数据位和停止位构成的单位又称字符框架。发送和接收装置的传输形式必须一致。

单向总线线路的每个线路上，信息只向一个方向传递，如图 2-2-5 所示。

图 2-2-5　单向传输

双向总线线路的每个线路上信息向两个方向传递，如图 2-2-6 所示。

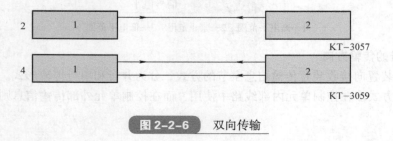

图 2-2-6　双向传输

2.4 拓扑结构

拓扑结构指网络中各站点相互连接的形式，在局域网中，就是文件服务器、工作站和电缆等的连接形式。现在最主要的拓扑结构有线形拓扑、星形拓扑、环形拓扑及混合型拓扑。

顾名思义，线形拓扑其实就是将文件服务器和工作站都连在称为总线的一条公共电缆上，且总线两端必须有终结器（图2-2-7）。

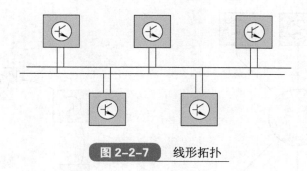

图 2-2-7　线形拓扑

线形拓扑布局的特点：结构简单灵活，非常便于扩充；可靠性高，网络响应速度快；设备量少、价格低、安装使用方便；共享资源能力强，非常便于广播式工作，即一个节点发送所有节点都可接收。

在总线距离最远两端连接的元件称为终端电阻（图2-2-8），主要与总线进行阻抗匹配，最大限度地吸收传送端部的能量，避免信号反射回总线产生不必要的干扰。

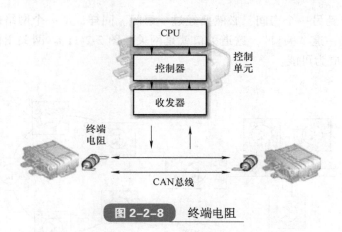

图 2-2-8　终端电阻

在总线上分别连接一个 120Ω 的终端电阻。这两个终端电阻并联，构成一个 60Ω 的等效电阻。关闭供电电压后，可在数据线之间测量该等效电阻。此外，单个电阻可各自分开测量。通过 60Ω 等效电阻进行测量，需要把一个便于拆装的控制单元从总线上脱开。然后在插头上测量 CAN-L 导线和 CAN-H 导线之间的电阻。

星形拓扑是以一台设备作为中央连接点，各工作站都与它直接相连形成星形（图2-2-9）。各节点与中央节点通过点与点方式连接，中央节点执行集中式通信控制策略，因此中央节点相当复杂，负担也重。这种结构适用于局域网，特别是近年来连接的局域网大都采用这种方式。这种连接方式以双绞线或同轴电缆作连接线路。

环形拓扑是将所有站点彼此串行连接，像链子一样构成一个环形回路（图 2-2-10）。环形网中的数据可以是单向传输，也可是双向传输。信息在每台设备上的延时是固定的。由于环线公用，一个节点发出的信息必须穿越环中所有的环路接口，信息流中目的地址与环上某节点地址相符时，信息被该结点的环路接口所接收，而后信息继续流向下一环路接口，一直流回到发送该信息的环路接口节点为止。环形拓扑特别适合实时控制的局域网系统。

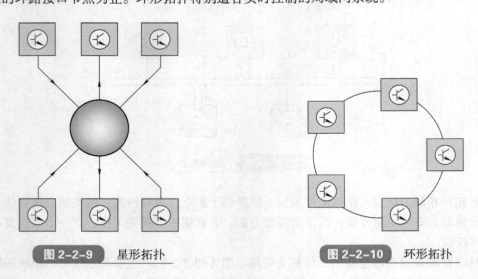

图 2-2-9　星形拓扑　　　　　图 2-2-10　环形拓扑

2.5　网关

从一个房间走到另一个房间，必然要经过一扇门。同样，从一个网络向另一个网络发送信息，也必须经过一道"关口"，这道关口就是网关（图 2-2-11）。网关用作总线系统之间的接口，使数据交换成为可能。

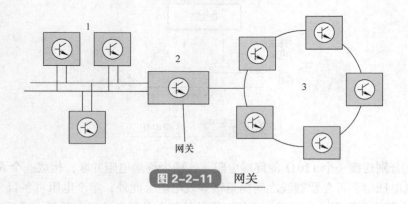

图 2-2-11　网关

3. CAN 车载网络特性

CAN 是控制器局域网络的简称，是由以研发和生产汽车电子产品著称的德国博世（BOSCH）公司开发的，并最终成为国际标准（ISO11898），目前是国际上应用最广泛的现场总线之一。在美国和欧洲，CAN 总线协议已经成为汽车计算机控制系统和嵌入式工业控制局域网的标准总线，并拥有以 CAN 为底层协议专为大型货车和重工机械车辆设计的 J1939 协议。

3.1 普锐斯 CAN 网络

普锐斯 CAN 网络属于总线式串行通信网络，如图 2-2-12 所示，总线的传输速率为 500kbit/s。

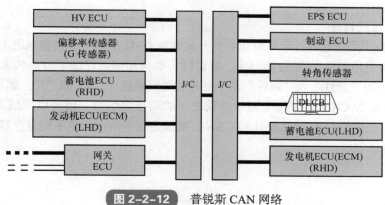

图 2-2-12　普锐斯 CAN 网络

3.2 比亚迪 e5CAN 网络

比亚迪 e5CAN 网络也属于总线式串行通信网络，如图 2-2-13 所示。主要包括起动 CAN，传输速率为 125kbit/s，其终端电阻分别在网关和无钥匙起动模块中；舒适 CAN，传输速率为

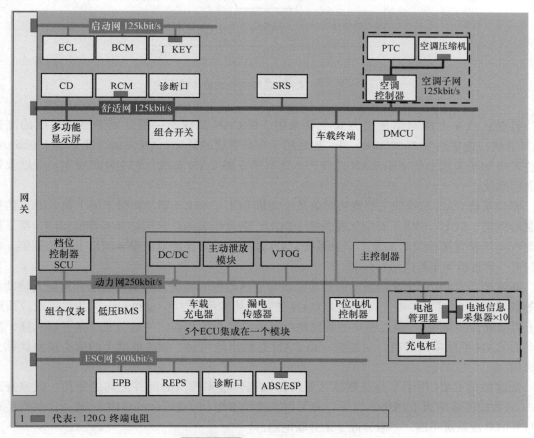

图 2-2-13　比亚迪 e5CAN 网络

125kbit/s，其终端电阻分别在网关和电机控制器模块中；动力 CAN，传输速率为 250kbit/s，其终端电阻分别在网关和电池管理模块中；底盘 CAN，传输速率为 500kbit/s，其终端电阻分别在网关和 ABS 模块中。

3.3　CAN 总线特性

CAN 总线协议是建立在国际标准组织的开放系统 OSI7 层参考模型基础之上的。其模型结构只有 3 层，即只取 OSI 底层的物理层、数据链层和应用层，保证了节点间无差错的数据传输。CAN 总线上用"显性"和"隐性"两个互补的逻辑值表示"0"和"1"。如图 2-2-14 所示，CAN-H 和 CAN-L 为 CAN 总线收发器与总线之间的两接口引脚，信号以两线之间的"差分"电压形式出现。在隐性状态，CAN-H 和 CAN-L 被固定在平均电压电平附近。显性位以大于最小阈值的差分电压表示。

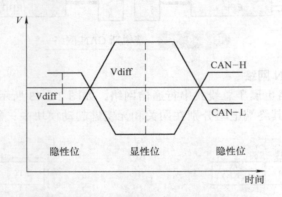

图 2-2-14　CAN 总线的位数值传输方式

目前，汽车上的网络连接方式主要采用 2 根 CAN 总线，一根是用于驱动系统的高速 CAN 总线，速率达到 500kbit/s，另一根是用于车身系统的低速 CAN 总线，速率是 100kbit/s。有些先进的轿车除上述 2 根 CAN 总线外，还有第 3 根 CAN 总线，它主要负责卫星导航及智能通信系统。

驱动系统 CAN 总线的主要连接对象是发动机 ECU、ASR（驱动防滑系统）及 ABS（防抱死制动系统）ECU、SRS（安全气囊系统）ECU、组合仪表等。它们的基本特征相同，都是控制与汽车行驶直接相关的系统。车身系统 CAN 总线的主要连接对象是 4 门以上的集控锁、电动门窗、后视镜和车厢内照明灯等。

高速动力 CAN 用于连接发动机管理系统和变速器控制系统，还负责安全和驾驶人辅助系统等各系统间的相互连接。高速动力 CAN 的数据传输率为 100~500kbit/s，并采用双绞线结构（两根绞合的导线），通过中央网关模块与其他总线系统相连，一般分成 2 条并联电路。高速动力 CAN 不能单线运行，只要有一根 CAN 总线出现问题，相应线路上的所有模块就都无法通信。

低速舒适 CAN 用于车身控制器区域网络数据传输率较低的部件之间的通信。低速舒适 CAN 的数据传输率为 100kbit/s 以下，并采用双绞线结构（两根绞合的导线），通过中央网关模块与其他总线系统相连，一般分成 2 条并联电路。

项目 2　整车控制网络系统

四、任务实施

1. 任务准备

安全防护：做好车辆高压安全防护与隔离。

工具设备：数字万用表、示波器、绝缘防护用品、绝缘工具套装、常规工具套装。

台架车辆：比亚迪 e5 主控制器实训台（行云新能 INW-EV-ZKE52）、比亚迪 e5 分控联动系统（行云新能 INW-EV-E5-FL）、比亚迪 e5 教学版整车和普锐斯整车。

辅助资料：汽车维修手册、电路图、教材。

2. 实施步骤

2.1　CAN 总线的故障形式

CAN 总线的故障形式包括：CAN-L 或 CAN-H 断路、CAN-L 或 CAN-H 对搭铁短路、CAN-L 或 CAN-H 对电源短路、CAN-L 与 CAN-H 互短等 7 种故障形式。

2.2　终端电阻的测量

为避免信号反射，在 2 个 CAN 总线用户上（在 CAN 网络中的距离最远）分别连接一个 120Ω 的终端电阻。这 2 个终端电阻并联，并构成一个 60Ω 的等效电阻。关闭供电电压后可在数据线之间测量该等效电阻。此外，单个电阻可各自分开测量，如图 2-2-15 所示。通过 60Ω 等效电阻进行测量，需要把一个便于拆装的控制单元从总线上脱开。然后在插头上测量 CAN-L 导线和 CAN-H 导线之间的电阻。

a) 等效电阻的测量　　　　　　　　　b) 单个电阻的测量

图 2-2-15　终端电阻的测量

2.3　CAN 总线的测量

高速动力 CAN 正常时，万用表测量 CAN-H 和 CAN-L 值分别是 2.6V 和 2.3V，如图 2-2-16 所示。

图 2-2-16　CAN 的万用表测量

波形测量 CAN-H 为 2.5~3.5V 变化，CAN-L 为 2.5~1.5V 变化，如图 2-2-17 所示。

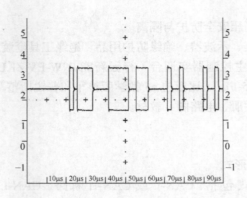

图 2-2-17 高速动力 CAN 变化特性

低速舒适 CAN 正常时万用表测量 CAN-H 和 CAN-L 值分别是 0.2V 和 4.8V；波形测量 CAN-H 为 0~4V 变化，CAN-L 为 1~5V 变化，如图 2-2-18 所示。

车载网络 CAN 总线检测

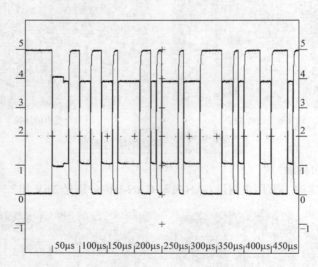

图 2-2-18 低速舒适 CAN 变化特性

五、学习检查

任务	阅读比亚迪和普锐斯电路图，从比亚迪 e5 主控制器实训台（行云新能 INW-EV-ZKE52）、比亚迪 e5 分控联动系统（行云新能 INW-EV-E5-FL）、比亚迪 e5 教学版整车和普锐斯整车上进行终端电阻和 CAN 总线信号测量（正常电压值、波形，对搭铁短路波形，对电源短路波形，互短波形）
笔记	

任务 3　新能源汽车的智能网联系统

一、任务引入

面对交通拥堵、安全、监管等现实问题，以新能源汽车为节点，构建电子化、网联化、智能化的车联网系统。

二、任务要求

知识要求：

- 了解车联网的概念和基本构成。
- 熟悉车联网的服务应用。

技能要求：

- 会使用比亚迪云服务系统。

职业素养要求：

- 严格执行汽车检修规范，养成严谨科学的工作态度。
- 尊重他人劳动，不窃取他人成果。
- 养成总结训练过程的习惯，为下次训练积累经验。
- 养成团结协作精神。
- 严格执行 5S 现场管理。

三、相关知识

1. 车联网系统

1.1 车联网与物联网

物联网是一个以互联网为主体，兼容各项信息技术，为社会不同领域提供可定制信息化服务的具有泛在化属性的信息基础平台。随着信息技术的发展和不同阶段信息化需求的演进，因其接入对象的广泛性、运用技术的复杂性、服务内容的不确定性以及不同社会群体理解和追求上的差异性，很难用已有概念和标准来准确完整地对物联网的概念和内涵进行权威定义。然而，车联网概念的出现，因其服务对象和应用需求明确、运用技术和领域相对集中、实施和评价标准较为统一、社会应用和管理需求较为确定，引起了业界的普遍关注，已被认为是物联网中可能率先突破应用领域的重要分支，并成为目前的研究重点和热点。

源于物联网的车联网，以车辆为基本信息单元，通过提高交通运输效率、改善道路交通状况、拓展信息交互方式，来实现智能交通管理，使物联网技术这一原本宽泛的概念在现代交通环境中得以具象化。

1.2 车联网的概念和分类

车联网系统指通过在车辆仪表台安装车载终端设备，实现对车辆所有工作情况和静、动态信息的采集、存储和发送。车联网系统一般具有实时实景功能，利用移动网络实现人车交互。

从技术角度区分，车联网技术主要有电子标签技术、位置定位技术、无线传输技术、数字广播技术和网络服务平台技术。

从系统交互角度，主要有车与车通信系统、车与人通信系统、车与路通信系统、车与综合信息平台通信系统、路与综合信息平台通信系统。

- 车与车通信系统强调物与物之间的端到端通信。这种端到端的通信使任何一个车辆既可以成为服务器，也可以作为通信终端。
- 车与路通信系统使车辆能够提前获取道路基础设施的运行状况，如某条道路是否在维修、某个桥洞是否积水过多等信息，以使车辆顺畅通行。
- 车与综合信息平台通信系统是汇集车辆行驶状态等信息，提供路况、车辆监控等综合统计性信息及出行提醒、安全行驶等个性化信息的综合性平台。
- 路与综合信息平台通信系统的作用是维护道路基础设施的运行状况，及时更换老化和运行状况不佳的设备。

从应用角度区分，车联网技术可分为监控应用系统、行车安全系统、动态路况信息系统和交通事件保障系统等。

- 监控应用系统主要用于政府部门或车辆管理部门的运营监控和决策支持，主要分为两类系统：道路基础设施安全情况监控及车辆行驶状况监控。道路基础设施安全情况监控的作用主要是通过定时获取道路、桥梁上安装的监控设备传回的检测信息，查看基础设施的破坏程度、应用状况等，为交通基础设施的维护提供重要参考。
- 车辆行驶状况监控主要是监控车辆的行驶路线、行驶参数，如油耗、车况等信息，为城市车流量分布提供可视化服务，为拥堵缓解提供辅助决策信息。
- 行车安全系统主要指车辆行驶过程安全监测及分析车辆行驶行为后的安全建议。在车辆行驶过程中，通过车联网信息的交互，可以获取前方道路状况，规避安全交通事故等。如在雾天高速公路上前方发生事故之后的主动规避等。另外，通过上传和分析车辆的油耗、行驶状态等参数，在服务器端进行车辆信息挖掘，主动提供一些车辆行驶安全建议，例如是否需要去保养、是否需要更换某零部件。

- 动态路况信息系统主要利用行驶车辆的运行速度和GPS定位技术，获取道路行驶状况信息，实现路况动态信息的发布。
- 交通事件保障系统主要利用车辆事故检测和报告机制，为事故的检测、规避及疏导等提供支持。

总之，车联网以车、路、道路基础设施为基本节点和信息源，通过无线通信技术实现信息交互，从而实现"车-人-路-城市"的和谐统一。伴随着物联网技术的发展，以及智能交通和智慧城市技术的发展，应用车联网技术的新能源汽车、系统原型已应运而生。

1.3 车联网系统的构成

车联网系统分为三大部分：车载终端、云计算处理平台、数据分析平台，如图2-3-1所示。车载终端采集车辆实时运行数据，实现对车辆所有工作信息和静、动态信息的采集、存储和发送。车载终端由传感器、数据采集器和无线发送模块组成，车辆实时运行工况包括驾驶人的操作行为、动力系统工作参数数据等。由云计算处理平台处理海量车辆信息，对数据进行"过滤清洗"。数据分析平台则负责对数据进行报表式处理，供管理人员查看。

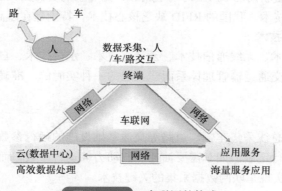

图 2-3-1　车联网的构成

中国物联网校企联盟认为：未来的车联网系统可以使感知更加透彻，除道路状况外，还可以感知各种各样的要素——污染指数、紫外线强度、天气状况、加油站位置……同时还可以感知驾驶人的身体状况、驾驶水平、出行目的……路线的规划不再是"快速到达目的地"，而是"最适合驾驶人，最适合这次出行"，汽车导航将由"以路为本"变为"以人为本"。

2. 车联网系统的关键技术

2.1 RFID 射频识别技术

RFID 是 Radio Frequency Identification 的缩写，意为射频识别，如图2-3-2所示。它通过射频信号自动识别目标对象并获取相关数据，识别工作无须人工干预，可在各种恶劣环境中工作。RFID 技术可识别高速运动物体并可同时识别多个标签，操作快捷方便。基本的 RFID 系统由标签（Tag）、阅读器（Reader）和天线（Antenna）组成。RFID 技术有广阔的应用前景，物流仓储、零售、制造业和医疗等领域都是 RFID 的潜在应用领域。另外，RFID 具有快速读取与难以伪造的特性，一些国家正在开展的电子护照项目就采用了 RFID 技术。

图 2-3-2　RFID 射频识别技术

RFID 具有车辆通信、自动识别、定位及远距离监控等功能，在移动车辆的识别和管理系统方面有非常广泛的应用。车联网使用 RFID 技术结合已有的网络技术、数据库技术及中间件技术等，构建一个由大量联网的 RFID 终端组成的、比互联网更为庞大的物联网，因此 RFID 技术是实现车联网的基础技术。我国的 RFID 缺乏核心技术，特别是在超高频 RFID 方面。

2.2　ITS 智能交通技术

将先进的传感器技术、无线通信技术、云计算技术、定位技术、自动控制技术和信息发布技术等有机运用于整个交通运输管理体系而建立起的一种实时的、准确的、高效的交通运输综合管理和控制系统。

（1）传感技术

利用传感器及汽车总线采集车辆、道路等交通基础设施的运行参数等，传感技术需要根据不同物体的运行参数进行定制。如车需要油耗、制动力等运行参数，而桥梁需要压力、老化程度等参数。传感技术是实现车联网数据采集的关键技术。

（2）无线通信技术

无线通信技术将传感器采集到的数据发送至服务器或其他终端，或接收控制指令完成物体远程控制。只有通过无线通信技术，才能实现信息的交换和共享。

（3）云计算技术

对采集获取的物体数据进行综合加工分析，并提供各类综合服务。车联网系统通过网络以按需、易扩展的方式获得云计算所提供的服务。

（4）车联网标准体系

标准是一个产业兴起的重要标志。车联网只有建立一套易用、统一的标准体系，才能实现不同物体之间的相互通信，不同车联网系统的融合，才能带动汽车、交通产业的快速发展。

（5）车联网安全体系

包括车联网物体信息化之后的安全度、传输器安全度、传输技术安全以及服务端安全。安全是保障车联网系统快速推广的前提。

（6）定位技术

通过 GPS、无线定位技术等提高当前车联网中物体的位置精度。定位精度的提高，使所获取的车辆行驶位置更准确，提高了实时路况精准度和交通事件定位精确度。

3. 车联网系统的应用

3.1 国际车联网应用现状

车辆运行监控系统长久以来都是智能交通发展的重点领域。在国际上，美国的 IVHS、日本的 VICS 等系统通过在车辆与道路之间建立有效的信息通信，已经实现了智能交通的管理和信息服务。而 Wi-Fi、RFID 等无线技术近年来也在交通运输领域智能化管理中得到了应用，如在智能公交定位管理和信号优先、智能停车场管理、车辆类型及流量信息采集、路桥电子不停车收费及车辆速度计算分析等方面取得了一定的成效。

当今，车联网系统发展主要通过传感器技术、无线传输技术、海量数据处理技术和数据整合技术配合实现。车联网系统将会向系统功能集成化、数据海量化、高传输速率方向发展。车载终端集成车辆仪表台电子设备，如硬盘播放器、收音机等，数据采集会面临多路视频输出要求，因此对于影像数据的传输，需要广泛运用当今流行的 4G 网络技术。

3.2 国内车联网应用现状

据统计，目前国内至少有以上汽集团为首的 7 家自主品牌企业推出了自主研发的车联网系统和产品。

自主车企当中，上汽集团一直走在开发车联网技术的前列，其 inkaNet 系统广泛搭载在荣威 350、荣威 550、W5 及 MG5 等车型上，如图 2-3-3 所示。经过 4 年时间积累，已有超过 10 万车主选择，位居中国市场占有率第二位。inkaNet 系统已经发展到第三代，在智能互联和操作体验等方面均有显著提升，特别是在中文语音识别的准确率和易用度上，超越了不少国际知名车企的同类产品。

图 2-3-3　上汽 inkaNet 系统

（1）手机客户端 APP

1）油耗管理：自动统计车辆用油量，并可自动获取所在地油价（也可由用户自行设定），根据相关数据生成车辆油耗信息及费用统计报告，帮助进行车辆管理，如图 2-3-4 所示。

2）工况管理：可以按照车主需要，读取车辆工况信息（如行驶里程、当前油量、当前电压、紧急制动次数、急加速次数等），并按期生成统计报告，配合车主更好地使用车辆，并给出行车建议，如图 2-3-5 所示。

3）远程诊断：基于无线通信网络，对车辆状况（如发动机、自动变速器、制动系统、防盗系统、发动机电子装置、变速器电子设备、制动器电子系统、中央电子模块、数据总线诊断接口、驾驶人侧车门电子设备、动力转向等）进行远程监测，及时提示车辆存在的问题，并配合车主与相关维修机构联系，确保行车安全，如图 2-3-6 所示。

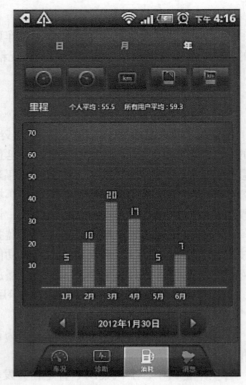

图 2-3-4　油耗管理

图 2-3-5　工况管理

图 2-3-6 远程诊断

（2）新能源车辆远程智能监控系统

针对国内新能源车辆发展过程中安全性及信息化的需要，INTEST 公司（武汉英泰斯特电子技术有限公司）开发了新能源车辆远程监控系统，该系统能为整车厂家研发部门提供数据积累，为售后服务部门提供故障及安全预警等相关数据服务。同时也可满足政府部门对新能源车辆的监控要求。

该系统由车载终端和远程管理服务平台组成，如图 2-3-7 所示。车载终端通过 CAN 总线实时获取控制器的内部数据和故障状态，同时采集电池组及发动机等部件的工作电压、电流，结合 GPS 传感器获取定位信息和行驶车速。最后，将这些数据同步存储在本地 SD 卡中，并将数据通过 GPRS/3G 无线网络发送到远程管理服务平台。用户通过可连接到互联网的计算机对车辆数据进行监控和分析。

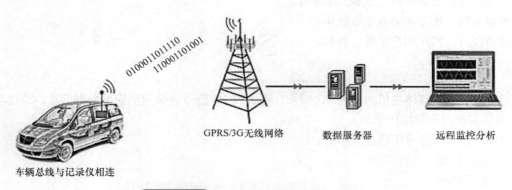

图 2-3-7 新能源车辆远程智能监控系统

该系统主要实现如图 2-3-8 所示的功能。

车辆安全预警	整车研发数据积累	法律及政府监控需求	售后服务管理
• 车辆状态实时数据 • 根据相关算法进行故障预警，避免恶性事故 • 支持屏幕提示、短信和邮件的报警方式 • 故障信息分级处理、自定义报警条件 • 丰富报警和故障数据的统计、分析	• 高速的数据采集、存储和传输速率 • 可选CAN报文存储，兼容行业分析软件 • 故障触发式数据存储，还原故障现场数据 • 专业的工况数据分析软件	• 满足法规对新能源车辆监控要求 • 可按照地方政府平台要求传输数据 • 可同时与企业平台和政府平台进行通信 • INTEST参与北京市《电动汽车远程监控技术规范》标准制定	• 车辆状态实时监控 • 故障诊断及维修知识库 • 集中、统一的派工、维修数据收集 • 车辆全生命周期信息管理 • 配件更换记录、维修保养记录

图 2-3-8　远程智能监控系统的功能

该系统的特性如下：
- CAN 总线数据解析与记录。
- 对电机故障、电池故障和充电器故障进行监测与记录。
- 记录充电次数，统计单次充电行驶里程等。
- 充电、行驶和停放三种状态均可监控。
- 报表统计与自动生成功能。
- 工况数据分析功能：时域曲线、频次分析、二维/三维柱状图分析、Map 图分析、最值统计和异常数据去除等。
- 实时定位功能，以街道地图和航拍地图显示车辆具体位置。
- 历史轨迹回放功能。
- 提供手机客户端软件随时随地监控车辆。

四、任务实施

1. 任务准备

安全防护：做好车辆高压安全防护与隔离。
工具设备：智能手机、互联/局域网。
台架车辆：比亚迪秦教学版整车。
辅助资料：汽车用户手册、教材。

2. 实施步骤

通过内置在多媒体主机内部的 4G 模块，将手机 3G 信号转换为车辆可识别信号，通过车身 CAN 网络实现用户的操作意图。

目前通过云服务可实现以下功能：
- 车门上锁
- 车门解锁
- 开启空调
- 位置服务

- 车队服务
- 实时路况
- 日程管理
- 位置查询
- 百度地图推送
- 天气查询

1）云服务软件下载、安装等操作：

可以选择在应用市场、用户服务网或直接输入网址下载。

- 在应用市场内下载：
  ✓ iPhone 版：在 App Store 中搜索"比亚迪云服务"，下载并安装。
  ✓ Android 版：在安卓应用市场中搜索"比亚迪云服务"，下载并安装。
- 登陆用户服务网，点击"比亚迪云服务"，下载并安装。

2）云服务的操作运用。详见汽车用户手册（可登录比亚迪官方网站下载）。

项目 3

电动助力转向系统

项目描述

本项目共2个学习任务,分别是:

任务1 电动助力转向系统的功能与组件更换。

任务2 电动助力转向系统的信号测量。

通过2个任务的学习,熟悉电动助力转向系统的功能;能够识别相关组件并进行更换;能进行电动助力转向系统信号的测量。

任务1 电动助力转向系统的功能与组件更换

一、任务引入

电动助力转向系统(Electric Power Steering,EPS)能够极大地提高燃油经济性,因为转向助力由安装在转向柱上的DC电动机提供,而电动机只在需要转向助力时才消耗能量。此外,与传统的液压助力转向系统不同,EPS在维修方面有很大优势,它不需要管路、泵、滑阀和转向助力油。通过本任务的学习,熟悉电动助力转向系统的功能并能更换相关组件。

二、任务要求

知识要求:

- 掌握电动助力转向系统的基本组成。
- 熟悉各组件的结构和功能。

项目 3 电动助力转向系统

技能要求：

- 能通过维修手册更换电动助力转向系统的相关组件。

职业素养要求：

- 严格执行汽车检修规范，养成严谨科学的工作态度。
- 尊重他人劳动，不窃取他人成果。
- 养成总结训练过程的习惯，为下次训练积累经验。
- 养成团结协作精神。
- 严格执行 5S 现场管理。

三、相关知识

1. 电动助力转向系统概述

在新能源汽车中，大多数混合动力汽车和所有纯电动汽车都采用了电动助力转向系统，因为电动助力转向系统是完全独立于发动机运作的。仍有少数混合动力汽车使用电动液压助力转向系统。

最常见的电动助力转向系统是由车辆 12V 系统供电，并由小型电动机支持运转的。在需要大转向力矩的情况下，有些 12V 系统会使用电控设备将 EPS 电压升到 34V 以上。有些混合动力汽车和纯电动汽车采用 42V 的电动助力转向系统，这些系统通常是由 DC/DC 变换器驱动的，DC/DC 变换器将动力电池电压降到电动助力转向电动机所需的电压值。

2. 丰田普锐斯电动助力转向系统

丰田公司的普锐斯轿车，其转向系统是在齿轮齿条式转向机构的基础上采用了车速感应型 EPS，因此具有良好的转向操纵性能。

2.1 电动助力转向系统的基本组成及功用

EPS 的基本元件布置情况如图 3-1-1 所示。EPS 根据各种传感器的信号，通过电动助力转向控制单元（以下简称动力转向 ECU）控制装在转向柱总成上的直流电动机（即动力转向电动机），由该电动机放大转向操纵力。

（1）转矩传感器

检测扭力杆的扭曲，并把它转换成电信号，以计算施加到扭力杆上的转矩，再将此信号输出到动力转向 ECU。

（2）动力转向电动机

根据动力转向 ECU 的信号产生转向助力。

（3）减速机构

通过蜗轮降低动力转向电动机的转速，并将它传递到转向柱轴。

（4）动力转向 ECU

根据各传感器（包括车速传感器）发出的信号，起动转向柱上的动力转向电动机，以提供转向助力。

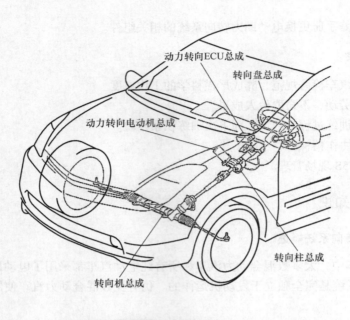

图 3-1-1　EPS 的基本组成

（5）HV ECU

发送 READY 信号到动力转向 ECU，通知 EPS 准备发电。

（6）制动防滑控制 ECU

将速度传感器的信号输出到动力转向 ECU。

（7）仪表 ECU

收到动力转向 ECU 发出的系统故障信号，仪表 ECU 点亮主警示灯，同时发送 PS（动力转向）警告，显示请求信号到复式显示器。

（8）VSC ECU

车辆稳定控制系统工作时，制动防滑控制 ECU 发送助力力矩信号（根据联合控制传感器的信号计算出）到动力转向 ECU。

（9）复式显示器

系统发生故障时，PS（动力转向）灯显示故障。

2.2　基本组成部件的构造

2.2.1　转向柱总成

动力转向电动机总成、减速机构和力矩传感器都安装在转向柱上，如图 3-1-2 所示。

2.2.2　动力转向电动机总成

动力转向电动机总成由直流电动机和减速机构组成，安装在转向柱壳体上（图 3-1-2）。动力转向电动机总成采用低惯性的直流电动机，该电动机由转子、定子和电动机轴组成。电动机产生的转矩通过联轴节传递到蜗杆，转矩通过蜗轮传递到转向柱轴，如图 3-1-3 所示。

项目 3　电动助力转向系统

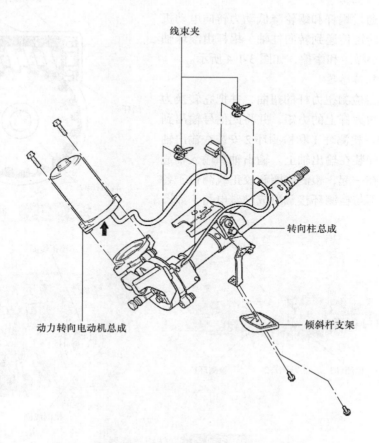

图 3-1-2　转向柱与动力转向电动机总成

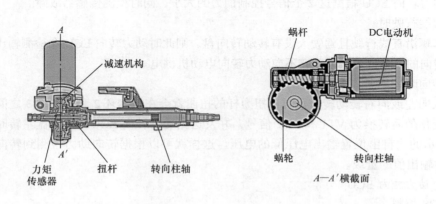

图 3-1-3　动力转向电动机总成内部结构

2.2.3 减速机构

减速机构通过蜗杆和蜗轮降低动力转向电动机的转速,并将转矩传递到转向柱轴。蜗杆由滚珠轴承支承,以减小噪声和摩擦,如图 3-1-4 所示。

2.2.4 力矩传感器

力矩传感器检测扭力杆的扭曲,并把它转换为电信号来计算扭力杆上的力矩,并将此信号输出到动力转向 ECU。检测环 1 和检测环 2 安装在输出轴上,检测环 3 安装在输出轴上。输出轴和输入轴通过扭力杆连接在一起,检测线圈和校正线圈位于各检测环外侧,不与检测环接触形成励磁电路,如图 3-1-5 所示。

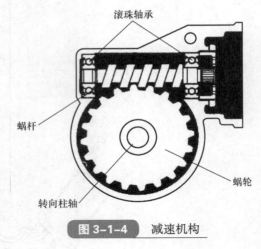

图 3-1-4　减速机构

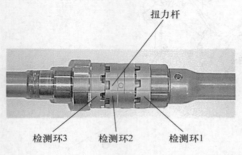
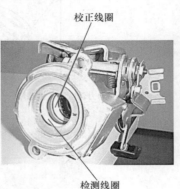

图 3-1-5　转矩传感器

检测环 1 和检测环 2 的功能是校正温度,检测温度变化并校正温度变化引起的误差。

检测线圈包括输出 VT1 信号(力矩传感器信号 1)和 VT2 信号(力矩传感器信号 2)的对耦电路。动力转向 ECU 根据这 2 个信号控制助力的大小,同时检测传感器故障。

（1）直线行驶时

如果车辆沿直线行驶且驾驶人没有转动转向盘,则此时动力转向 ECU 会检测输出的规定电压,指示转向的自由位置,因此它不向动力转向电动机供电。

（2）转向时

驾驶人向左或向右转动转向盘时,扭力杆的扭曲就会在检测环 2 和检测环 3 之间产生相对位移。该变化随后转换为 VT1 和 VT2 信号,并发送到动力转向 ECU。转向盘左转时,输出如图 3-1-6 所示的比自由位置输出电压低的电压。这样就可以根据转向助力检测到转向方向,决定转向助力输出值的量级。

2.2.5 动力转向 ECU

（1）EPS 控制

动力转向 ECU 接收各传感器的信号,判断车辆当前的状况,并测定施加到动力转向电动机上相应的助力电流。

项目 3　电动助力转向系统

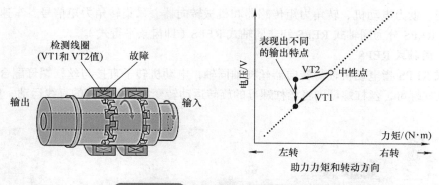

图 3-1-6　输出电压与助力力矩关系

对于装有车辆稳定控制系统（VSC）的车型，根据制动防滑控制 ECU 信息，联合控制转向助力力矩，使驾驶人的转向操作更灵便，提高转向稳定性。

（2）动力转向 ECU 温度传感器

动力转向 ECU 中的温度传感器用于检测 ECU 是否过热。如果温度传感器检测到 ECU 过热，则动力转向电动机上的助力电流会减小。

（3）诊断

如果动力转向 ECU 检测到 EPS 故障，则与出现故障的功能相关的主警告灯点亮，提示驾驶人出现故障。同时，DTC（诊断故障码）存储到存储器中。

（4）安全保护

如果动力转向 ECU 检测到 EPS 故障，则组合仪表上的主警告灯点亮，且蜂鸣器鸣响。同时，动力转向 ECU 使 PS 警告出现在复式显示器上以提示驾驶人，并进入安全保护模式。EPS 和手动转向以相同方式工作。

出现故障时，安全保护功能被激活，ECU 会影响各种控制。

3. 比亚迪 e5 电动助力转向系统

3.1　电动助力转向系统的类型

根据助力输出范围及空间布置限制条件，助力模块（电动机、控制单元和减速机构）在电动转向系统中的安装位置存在一定差异，如图 3-1-7 所示。e5 车型的转向助力采用 REPS（Rack Electric Power Steering），即齿条式，电动机直接将助力施加在齿条上。REPS 转向器总成内部

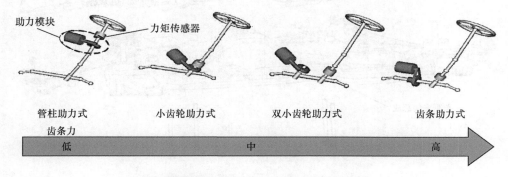

图 3-1-7　电动助力转向系统的类型

97

集成控制器、助力电动机、转角力矩传感器和机械转向器。采集转角力矩信号、车速信号控制助力大小。REPS 分为同轴式 REPS 和非同轴式 REPS（即齿条平行式）。

3.1.1 同轴式 REPS

同轴式 REPS 指电动机轴与转向器丝杠轴同轴，电动机转子直接与丝杠螺母配合，并将转矩传递给丝杠螺母，丝杠螺母副将丝杠螺母的旋转运动转变成齿条丝杠的直线运动，如图 3-1-8 所示。

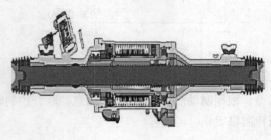

图 3-1-8　同轴式 REPS

3.1.2 非同轴式 REPS

非同轴式 REPS 指转向器助力电动机与转向器丝杠轴不同轴（通常采用传动带连接电动机转轴和丝杠螺母）。e5 车型采用的是非同轴式 REPS，如图 3-1-9 所示。

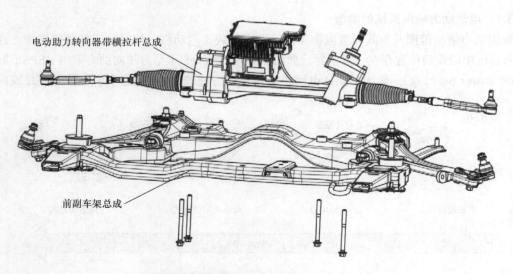

图 3-1-9　非同轴式 REPS 总成

项目 3 电动助力转向系统

3.2 比亚迪 e5 助力转向系统的结构

e5 车型的非同轴式 REPS 主要由壳体、电动机、滚柱丝杆副、输入轴齿轮轴总成、力矩传感器、ECU、轴承、支撑套及传动带传动副等组成,如图 3-1-10 所示。助力电动机与转向器丝杠轴不同轴,采用传动带连接电动机转轴和丝杠螺母。

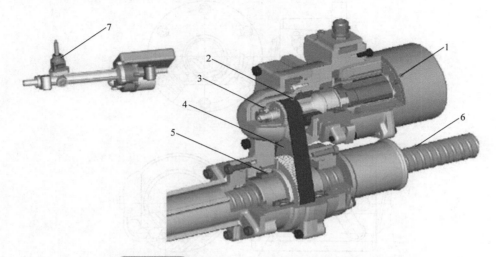

图 3-1-10 e5 车型的非同轴式 REPS 结构组成

1—永磁同步电机 2—电机位置传感器 3—带轮轮毂 4—带轮 5—带滑轮滚子螺帽驱动端 6—支架 7—转矩传感器

3.2.1 滚子丝杠副

滚子丝杠副是一种将旋转(直线)运动转变为直线(旋转)运动的机械装置,主要由丝杠、丝杠螺母和滚子等组成,可以实现传动、定位等功能。按照丝杠副的循环方式又可分为内循环式和外循环式。

(1)内循环滚子丝杠副

该类型滚子丝杠副在螺母上开有侧孔,孔内镶有返向器,将相邻两螺旋滚道联接起来,滚子从螺纹滚道进入返向器,越过丝杠牙顶,进入相邻螺纹滚道,形成滚子循环通道,如图 3-1-11 所示。

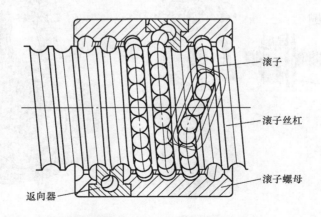

图 3-1-11 内循环滚子丝杠副结构组成

（2）外循环滚子丝杠副

外循环滚子丝杠副主要有螺旋槽式和插管式两种类型。舍弗勒公司生产的滚子丝杠副为插管式，如图3-1-12所示，但其外部包有一层防护塑料，因此呈椭圆状。

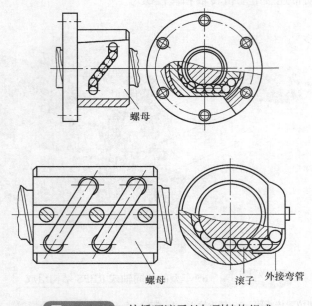

图3-1-12　外循环滚子丝杠副结构组成

3.2.2　同步带张紧机构

同步带张紧力：180N±50N。偏心环可将同步带的张紧力调整至合适范围。偏心环外圆与壳体内孔间隙配合。由于丝杆及大带轮的轴线与偏心环外圆的轴线具有1mm的偏心距，转动偏心环会改变丝杠及大带轮的轴线位置，从而改变大带轮与小带轮的轴心距，达到调整同步带张紧力的目的，如图3-1-13所示。

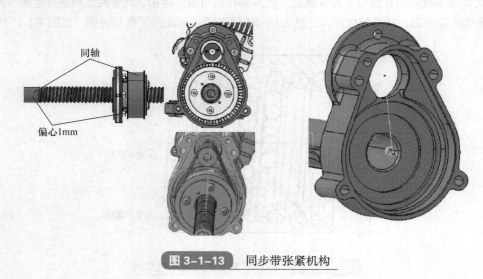

图3-1-13　同步带张紧机构

项目3 电动助力转向系统

3.2.3 力矩及转角传感器

力矩及转角传感器安装在转向器输入轴处，如图 3-1-14 所示，其具体功能在"丰田普锐斯电动助力转向系统"中已经讲述，此处不再赘述。

力矩及转角传感器安装位置

力矩及转角传感器

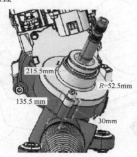

图 3-1-14　力矩及转角传感器

四、任务实施

1. 任务准备

安全防护：做好车辆高压安全防护与隔离。

工具设备：四轮定位仪、绝缘防护用品、绝缘工具套装、常规工具套装。

台架车辆：比亚迪 e5 分控联动系统（行云新能 INW-EV-E5-FL）、比亚迪 e5 教学版整车和普锐斯整车。

辅助资料：汽车维修手册、教材。

2. 实施步骤

2.1 普锐斯电动助力转向系统组件的更换

2.1.1 普锐斯电动助力转向系统组件的识别（图 3-1-15）

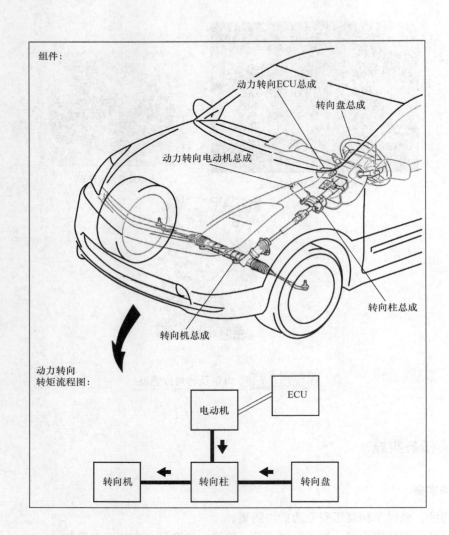

图 3-1-15 普锐斯电动助力转向系统组件及动力转向转矩流程

项目3　电动助力转向系统

（1）转向机总成组件（图3-1-16）

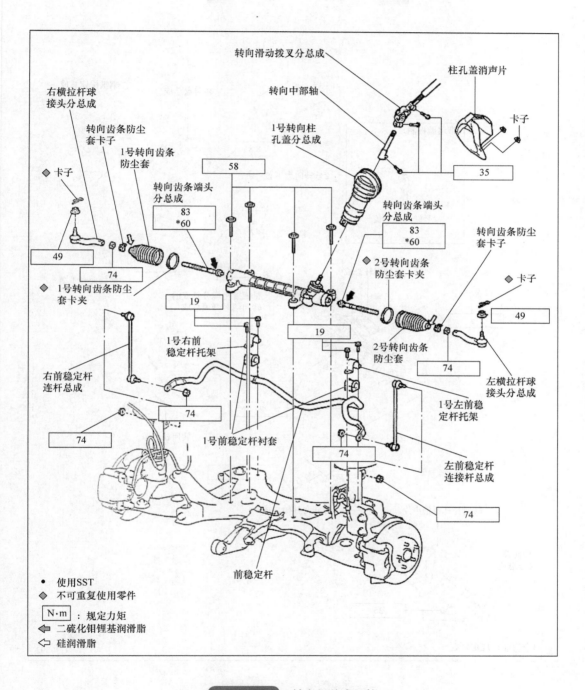

图 3-1-16　转向机总成组件

（2）转向柱总成组件（图3-1-17）

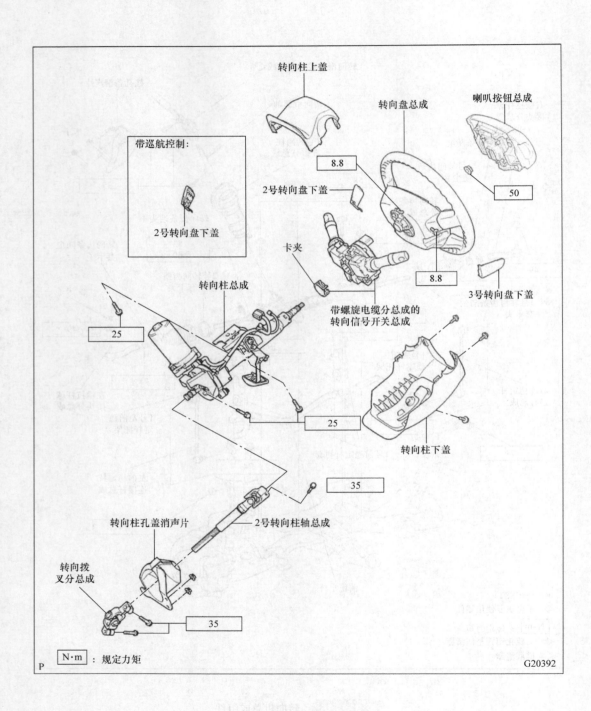

图3-1-17　转向柱总成组件

项目 3　电动助力转向系统

2.1.2　普锐斯电动助力转向系统组件的更换流程及注意事项
1. 更换注意事项
（1）SRS 安全气囊系统操作注意事项
有些维修操作会影响 SRS 安全气囊，维修前一定要阅读 SRS 安全气囊的操作注意事项。
（2）拆卸、安装和更换电动助力转向组件的注意事项
1）拆下和安装转向机总成时，一定要向正前方对正前轮。
2）断开转向柱的滑动拨叉和转向机总成的小齿轮轴时，一定要在开始操作前做装配标记。
3）拆下及重新安装或更换任何转向系统组件后，都要对转向中心点进行调整（零点校准）。
4）打开电动助力转向系统的连接器时，打开电源开关（IG）（发动机和混合动力系统停止运行），转向盘打正，关闭电源开关，然后断开连接器。
5）重新连接电动助力转向系统的连接器时，确保电源开关已经关闭。打正转向盘，然后打开电源开关（IG）（发动机和混合动力系统停止运行）。
小心：转向盘没有打正时，不要打开电源开关。
6）如果没有正确实施步骤 4）和 5），则转向中心点（零点）会偏离，这会导致左右转向力出现差异。如果出现左右转向力差异，则调整转向中心点（零点校准）。
（3）转向柱的搬放注意事项
1）搬转向柱总成时：
a. 避免对转向柱总成有任何冲击，尤其对电动机和转矩传感器。如果转向柱总成跌落或受到严重冲击，则需要换新。
b. 移动转向柱总成时，不要拉线束。
c. 转向柱总成或其他相关转向零件已经被拆下，重新安装或更换后，对转向中心点进行调整（零点校准）。
2）断开和重新连接连接器时：
a. 断开与电动助力转向系统相关的连接器时，打开电源开关（IG），打正转向盘，关闭电源开关，然后断开连接器。
b. 重新连接与电动助力转向系统相关的连接器时，确定电源开关关闭，打正转向盘后重新连接连接器，然后打开电源开关（IG）。
小心：转向盘没有打正时，不要打开电源开关（IG）。
c. 如果没有正确实施以上操作，则转向中心点（零点）会偏离，这会导致左右转向力出现差异。如果出现左右转向力差异，则调整转向中心点（零点校准）。
初始化应小心：断开蓄电池负极（-）端子后，重新连接端子，以下系统将被初始化。

系统名称	参见页（行云新能资源库维修手册）
电动窗控制系统	01-29

激活混合动力系统应小心：
- 警告灯亮起或蓄电池断开又重新连接，则初次按下电源开关可能无法起动该系统。如果是这样，则再次按下电源开关。
- 打开电源开关（IG），断开蓄电池。如果在重新连接时钥匙不在点火开关孔内，则可能输出 DTC B2799。

2. 动力转向 ECU 更换流程（图 3-1-18~图 3-1-25，详细步骤见行云新能资源库维修手册）

1）注意事项。
2）拆下 2 号后地板。
3）拆下后地板盒。
4）拆下 3 号后地板。
5）拆开蓄电池负极端子。
6）拆下仪表板 1 号调节器总成。
7）拆下仪表板下饰板分总成。
8）拆下仪表板上饰板分总成。
9）拆下 3 号仪表板调节器总成。
10）拆下 4 号仪表板调节器总成。
11）拆下 2 号仪表板调节器总成。
12）拆下复式显示器总成。
13）拆下杂物箱门挡块分总成。
14）拆下杂物箱门总成。
15）拆下杂物箱门。
16）拆下带中央扬声器的 1 号仪表板扬声器板分总成（带高保真音响系统）。
17）拆下前柱饰板左弯角。
18）拆下前柱饰板右弯角。
19）拆下左前柱装饰。
20）拆下右前柱装饰。
21）断开乘员安全气囊连接器。
22）拆下带乘员安全气囊总成的仪表板分总成。
23）拆下动力转向 ECU 总成。
a. 从转向 ECU 上分离力矩传感器线束夹。
小心：不要破坏力矩传感器线束夹。
b. 断开 4 号连接器。
c. 拆下 3 个螺钉和动力转向 ECU 总成。
24）安装动力转向 ECU 总成
a. 用 3 个螺钉安装动力转向 ECU 总成。
力矩：5.0N·m
b. 连接 4 号连接器。
c. 把力矩传感器线束夹安装到动力转向 ECU 上。
25）安装带乘员安全气囊总成的仪表板分总成。
26）连接蓄电池负极端子。
27）安装 3 号后地板。
28）安装后地板盒。
29）安装 2 号后地板。

项目 3　电动助力转向系统

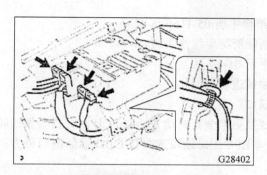

图 3-1-18　步骤 1

图 3-1-19　步骤 2

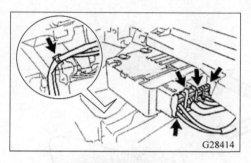

图 3-1-20　步骤 3

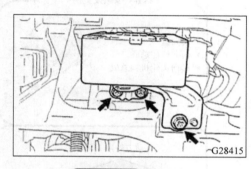

图 3-1-21　步骤 4

图 3-1-22　步骤 5

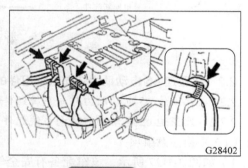

图 3-1-23　步骤 6

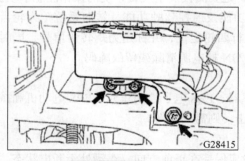

图 3-1-24　步骤 7

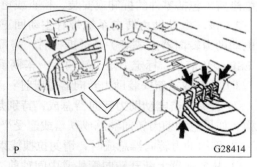

图 3-1-25　步骤 8

30）检查 SRS 警告灯（参见行云新能资源库维修手册 05-1166 页）。

31）进行力矩传感器的零点校准（参见行云新能资源库维修手册 05-982 页）。

32）进行初始化（参见行云新能资源库维修手册 01-29 页）。

提示：断开蓄电池负极端子时，必须对其他系统进行初始化。

2.1.3 普锐斯电动助力转向系统的初始化及设定

拆卸、安装转向盘、转向柱总成、转向机总成及更换全新的动力转向 ECU 时，需要做四轮定位，并对 EPS 系统进行初始化设定。可以通过丰田专用诊断仪或跨接 OBD 诊断座两种方法进行初始化设定，如图 3-1-26 所示。

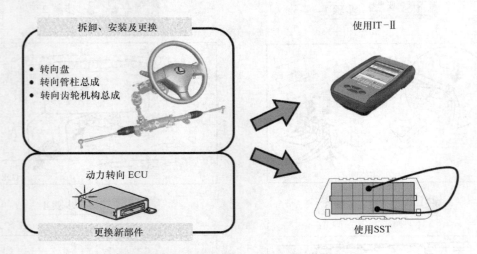

图 3-1-26　对 EPS 系统进行初始化设定

2.2 比亚迪 e5 电动助力转向系统组件的更换

2.2.1 比亚迪 e5 电动助力转向系统组件的识别

2.2.2 比亚迪 e5 电动助力转向系统组件的更换流程及注意事项

（1）更换注意事项

1）如图 3-1-27 所示，该车配备有安全气囊（SRS），包括前排双气囊、侧气囊和侧气帘。如果不按正确的次序操作，则可能导致安全气囊在维修过程中意外打开，并导致严重事故。因此维修前（包括零件的拆卸或安装、检查或更换）一定要阅读安全气囊系统的操作注意事项。

2）该车电动助力转向系统带有主动回正控制功能及遥控驾驶功能，转向系统（齿轮齿条式电动助力转向器总成等）经过拆换后，需重新进行四轮定位，并标定力矩转角信号，同时标定 ESP 转角信号。标定力矩、转角后，车辆重新上 ON 档电源清除残留故障码。

3）拆卸或重新安装助力转向器总成时：

① 避免撞击电动助力转向器总成，特别是传感器、EPS 电子控制单元、EPS 电动机和减速机构。如果电动助力转向器总成跌落或遭受严重冲击，则需要换新。

② 移动助力转向器总成时，请勿拉拽线束。

③ 从转向器上断开转向管柱或中间轴前，车轮应保持在正前方向，车辆处于断电状态，否则会导致转向管柱上的时钟弹簧偏离中心位置，从而损坏时钟弹簧。

项目 3　电动助力转向系统

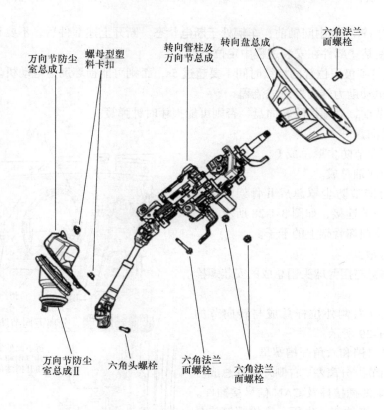

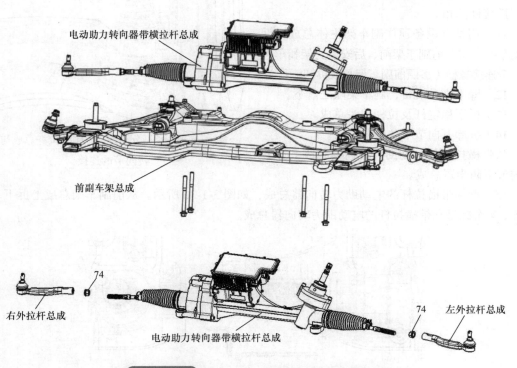

图 3-1-27　比亚迪 e5 电动助力转向系统组件

④ 断开转向管柱或中间轴前，车辆处于断电状态。断开上述部件后，不要移动车轮。不遵循这些程序会使某些部件在安装过程中定位不准。

⑤ 转向盘打到极限位置的持续时间不要超过 5s，否则可能损坏助力电动机。

（2）更换电动助力转向器总成流程

断开万向节前，必须拆除转向盘，否则可能损坏时钟弹簧。

1）拆下转向盘。

2）拆卸万向节防尘罩总成Ⅰ。

3）分离中间轴总成。

4）分离万向节防尘罩总成Ⅱ骨架卡子 A 和卡子 B 与车身的连接，如图 3-1-28 所示。

小心：不要损坏骨架上的卡子。

5）拆卸前轮。

6）拆掉摆臂与摆臂球头销总成的安装螺栓和螺母。

7）分离左/右侧外拉杆总成与转向节的连接，如图 3-1-29 所示。

8）拆下开口销和六角开槽螺母。

9）从转向节上分离左/右侧外拉杆总成。

10）拔下电源插接件及 CAN 信号接插件。

注意：拔插接件前，先用一字槽螺钉旋具撬开插接件倒扣。

11）用举升设备顶住副车架主体总成，拆下副车架主体及前副车架前、后安装支架和车身的 8 个连接螺栓（参照前副车架总成拆卸流程）。

12）降下举升设备，副车架随之落下。

13）拆下稳定杆及拉杆球头总成。

14）拆卸万向节下防尘罩总成。

从带横拉杆的电动助力转向器总成上拆下万向节下防尘罩总成。

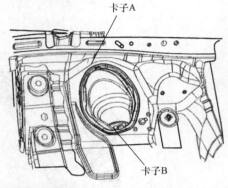

图 3-1-28　分离万向节防尘罩总成Ⅱ

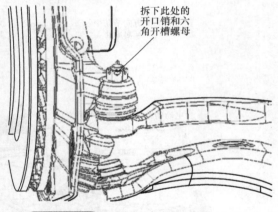

图 3-1-29　分离左/右侧外拉杆总成与转向节的连接

15）拆卸带横拉杆的电动助力转向器总成，如图 3-1-30 所示。从前副车架总成上拆下 4 个螺栓、4 个螺母和带横拉杆的电动助力转向器总成。

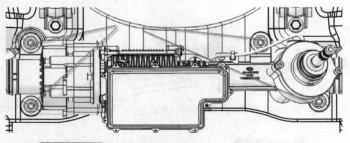

图 3-1-30　拆卸带横拉杆的电动助力转向器总成

16）固定带横拉杆的电动助力转向器总成。

17）安装带横拉杆的电动助力转向器总成。

18）用4个螺栓和4个螺母将带横拉杆的电动助力转向器总成安装到前副车架总成上。

预紧力矩：70N·m。

19）安装万向节下防尘罩。将万向节下防尘罩上的圆孔与转向器壳体上的凸台对齐，以安装孔盖，如图3-1-31所示。

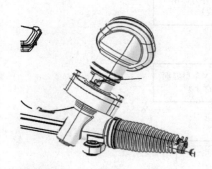

图3-1-31　对齐万向节下防尘罩安装记号

20）安装稳定杆及拉杆球头总成。

21）安装前副车架总成（参考前副车架总成装配流程）。

22）安装电源及CAN信号插接件。

23）连接左外拉杆总成。

24）用六角开槽螺母将左外拉杆总成连接到转向节上。

预紧力矩：49N·m。

小心：如果开口销孔未对齐，则将螺母进一步拧60°。

25）安装新开口销。

26）连接右外拉杆总成。

提示：执行与左侧相同的操作流程。

27）安装摆臂与摆臂球头销总成。

28）连接万向节防尘罩总成Ⅱ。

29）将下防尘罩总成骨架上的卡子与车身前围板连上。

30）连接中间轴总成与加长轴。

31）安装万向节防尘罩总成Ⅰ。

32）安装转向盘总成。

33）安装前轮。

预紧力矩：120N·m。

34）进行四轮定位。

35）四轮定位完成后，拧紧拉杆锁紧螺母。

预紧力矩：74N·m。

36）进行力矩信号及转角信号标定。

2.2.3 比亚迪 e5 电动助力转向系统的标定

转角信号标定前，禁止进行遥控驾驶操作，否则可能引起严重损坏。用诊断仪进行标定操作时，双手离开转向盘，转向盘不能受外力影响，否则可能引起严重损坏。标定流程如图 3-1-32~图 3-1-34 所示。

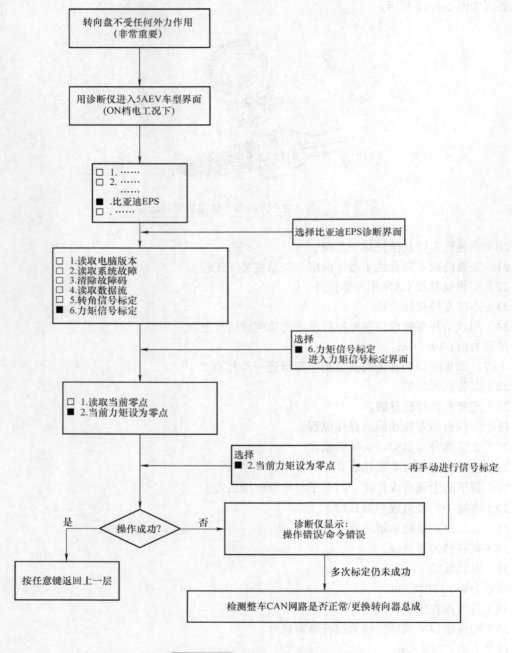

图 3-1-32　力矩信号标定流程

项目 3 电动助力转向系统

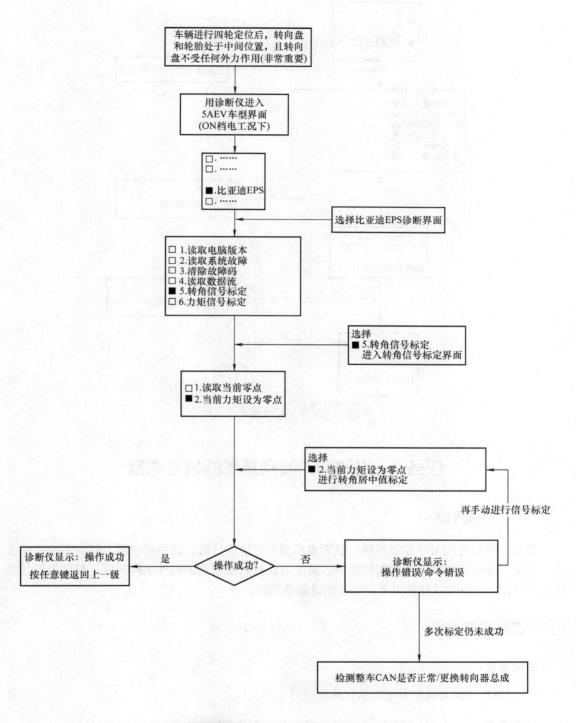

图 3-1-33　转向盘转角信号标定流程

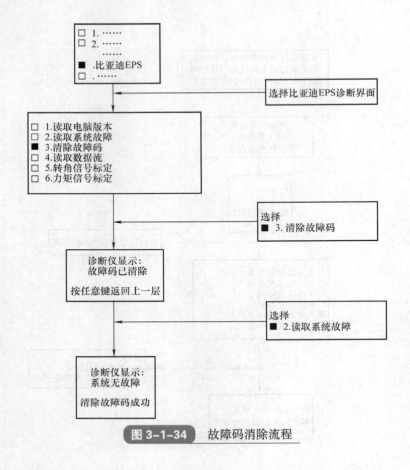

图 3-1-34　故障码消除流程

任务2　电动助力转向系统的信号测量

一、任务引入

驾驶人在打方向时感觉很沉重，仪表盘点亮黄色警告灯时，说明电动助力转向系统出现故障。故障一般分为机械和电控两种类型。对于与机械故障相关的组件更换问题，前文的任务中已经学习过，而电控故障就需要借助诊断设备来判断。

二、任务要求

知识要求：

- 理解电动助力转向系统的工作原理。

技能要求：

- 能通过维修手册查找电动助力转向系统的针脚端子。
- 会根据维修手册的指引进行电动助力转向系统信号的测量，并给出维修结论。

项目 3 电动助力转向系统

职业素养要求：

- 严格执行汽车检修规范，养成严谨科学的工作态度。
- 尊重他人劳动，不窃取他人成果。
- 养成总结训练过程的习惯，为下次训练积累经验。
- 养成团结协作精神。
- 严格执行 5S 现场管理。

三、相关知识

1. 电动助力转向系统的基本参数

电动助力转向系统至少需要 3 个输入参数：转向盘的位置，转向盘转向力矩和车速。几乎所有的电动助力转向系统都有专用的 ECU 来控制电动机。作为车辆稳定性控制系统的一部分，许多动力转向 ECU 会与其他 ECU 保持通信，相互作用。

1.1 转向盘位置

转向盘位置由滑动电位器、霍尔式传感器或旋转变压器来确定。如果车辆有泊车辅助功能，则 EPS 系统通常会装旋转变压器，因为相比电位计或霍尔效应传感器，旋转变压器能更准确地报告转向盘的位置。

由于车辆的前轮不转动时不需要辅助系统工作，大多数电动助力转向系统必须进行校准，以识别转向盘的"零点位置"或标准值。如果电动助力转向装置在车轮转向的同时进行校准，则车辆可能发生偏转。

1.2 转向盘转向力

转向盘转向力是由力矩传感器通过测量转向轴组件中扭杆的力矩计算得出的。力矩传感器产生与扭杆力矩成比的电信号。该信号被动力转向 ECU 采用，与其他相关参数一起参与运算。

2. 电动助力转向系统的工作原理

2.1 丰田普锐斯电动助力转向系统的工作原理

普锐斯的电动助力转向系统采用装在转向柱上的动力转向电动机和减速机构，系统原理如图 3-2-1 所示。

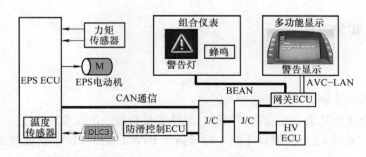

图 3-2-1 丰田普锐斯电动助力转向系统的工作原理

动力转向 ECU 根据传感器和发动机 ECU 的信号计算转向助力的大小。动力转向 ECU 通过 CAN 和制动防滑控制 ECU、HV ECU 与网关 ECU 保持通信。此外，动力转向 ECU 经由 BEAN，通过网关 ECU 和仪表 ECU 保持通信。

普锐斯采用车辆稳定控制系统（VSC），该系统工作时控制转向助力力矩，提高车辆的可操纵性。VSC 工作时，动力转向 ECU 收到制动防滑 ECU 的助力力矩请求信号后，立刻控制动力转向电动机的助力力矩，采用 EPS 系统联合控制，提高了车身稳定性，如图 3-2-2 所示。

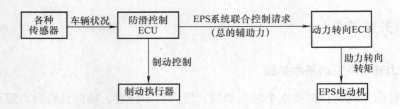

图 3-2-2 丰田普锐斯 EPS 系统联合控制

2.2 比亚迪 e5 电动助力转向系统的工作原理

汽车转向时，力矩及转角传感器把检测到的力矩及角度信号处理后传给动力转向 ECU，动力转向 ECU 同时接收车速传感器检测到的车速信号，然后根据这两个信号决定电动机的旋转方向和助力力矩的大小。同时，电流传感器检测电路电流，对驱动电路实施监控，最后由驱动电路驱动电动机工作，实施助力转向，其工作原理如图 3-2-3 所示。

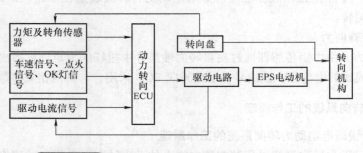

图 3-2-3 比亚迪 e5 电动助力转向系统的工作原理

四、任务实施

1. 任务准备

安全防护：做好车辆高压安全防护与隔离。

工具设备：数字万用表、绝缘防护用品、绝缘工具套装、常规工具套装。

台架车辆：比亚迪 e5 分控联动系统（行云新能 INW-EV-E5-FL）、比亚迪 e5 教学版整车和普锐斯整车。

辅助资料：汽车维修手册、电路图、教材。

项目 3　电动助力转向系统

2. 实施步骤

2.1　普锐斯电动助力转向系统信号的测量

EPS 系统电器元件位置，如图 3-2-4 所示。

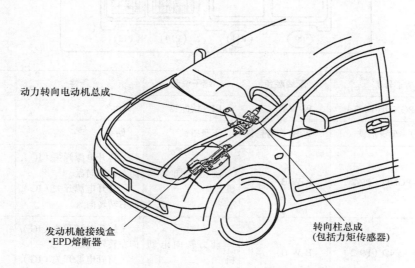

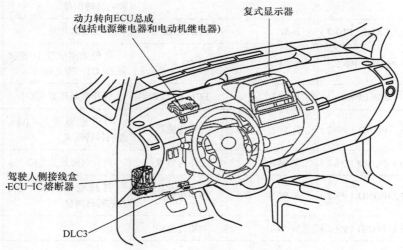

图 3-2-4　EPS 系统电器元件位置

动力转向 ECU 针脚定义（图 3-2-5）。

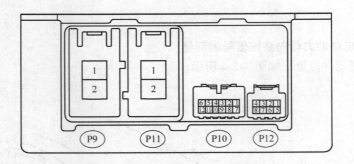

符号（端子号）	配线颜色	端子说明	条件	规定条件
PIG（P9-1）-PGND（P9-2）	W-W-B	EPS 熔断器	始终	10~16V
PGND（P9-2）- 车身搭铁	W-B- 车身搭铁	车身搭铁	始终	小于1Ω
M1（P11-1）-PGND（P9-2）	R-W-B	动力转向电动机	• 打开电源开关（IG），向左转转向盘 • 打开电源开关（IG），向右转转向盘	低于 1V/ 10~16V
M2（P11-2）-PGND（P9-2）	B-W-B	动力转向电动机	• 打开电源开关（IG），向左转转向盘 • 打开电源开关（IG），向右转转向盘	10~16V/ 低于 1V
CANH（P10-1）-CANL（P10-7）	B-W	CAN 总线	关闭电源开关	108~132Ω
SIL（P10-2）-PGND（P9-2）	W-W-B	DLC3	将智能测试仪 II 连接到DLC3，建立通信	产生脉冲（参见波形1）
IG（P10-6）-PGND（P9-2）	B-W-B	ECU-IG 熔断器	打开电源开关（IG）	10~16V
TRQ1（P12-5）-PGND（P9-2）	B-W-B	力矩传感器	打开电源开关（IG），左右转转向盘	0.3~4.7V
TRQV（P12-6）-PGND（P9-2）	Y-W-B	力矩传感器	打开电源开关（IG）	7.5~8.5V
TRQ2（P12-7）-PGND（P9-2）	R-W-B	力矩传感器	打开电源开关（IG），左右转转向盘	0.3~4.7V
TRQG（P12-8）-PGND（P9-2）	W-W-B	力矩传感器	始终	小于1Ω

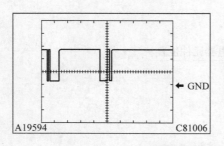

波形1

参考：

端子	SIL—车身搭铁
工具设定	5V/格，1ms/格
条件	将智能测试仪II连接到DLC3，建立通信

图 3-2-5　动力转向 ECU 针脚定义

项目 3　电动助力转向系统

2.2　比亚迪 e5 电动助力转向系统信号的测量

EPS 系统电路原理，如图 3-2-6 所示。

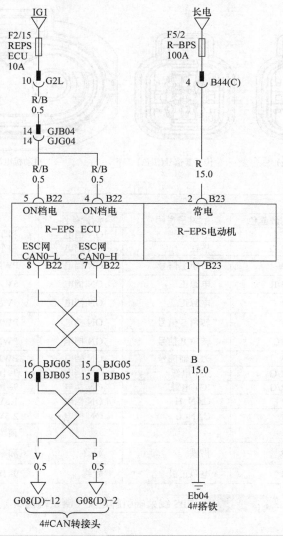

助力转向系统的检修

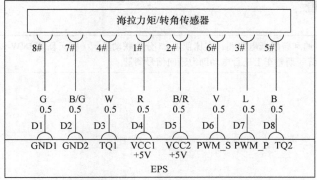

图 3-2-6　比亚迪 e5 EPS 系统电路原理

119

EPS 系统与整车配线电气接口定义，如图 3-2-7 所示。

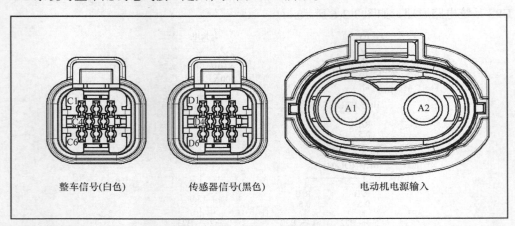

测试端子	配线颜色	端子说明	测试条件	标准值
D1- 车身	G	搭铁	ON 档电	和车身之间阻抗小于 1Ω
D2- 车身	B/G	搭铁	ON 档电	和车身之间阻抗小于 1Ω
D3- 车身	W	力矩主信号	ON 档电	PWM 占空比：12.5%~87.5%
D4- 车身	B/R	电源正	ON 档电	5V
D5- 车身	R	电源正	ON 档电	5V
D6- 车身	V	转角 S 信号	ON 档电	PWM 占空比：12.5%~87.5%
D7- 车身	BL	转角 P 信号	ON 档电	PWM 占空比：12.5%~87.5%
D8- 车身	B	力矩辅信号	ON 档电	PWM 占空比：12.5%~87.5%
C4- 车身	R/G	IG1 电源	ON 档电	9~16V
C5- 车身	R/G	IG1 电源	ON 档电	9~16V
C7- 车身	P	CAN_H	ON 档电	1.5V 或 3.5V
C8- 车身	V	CAN_L	ON 档电	2.5V 或 3.5V
C（其余）	—	—	—	预留
A1- 车身	B	搭铁	始终	和车身之间阻抗小于 1Ω
A2- 车身	R	电源正极	始终	9~16V

图 3-2-7　EPS 线束端引脚定义（测试端视图）

五、学习检查

任务	阅读比亚迪和普锐斯电路图，在比亚迪 e5 分控联动系统（行云新能 INW-EV-E5-FL）、比亚迪 e5 教学版整车和普锐斯整车上进行电动助力转向信号测量
笔记	

项目 4

暖风和空调系统

项目描述

本项目共 2 个学习任务，分别是：
任务 1：新能源汽车暖风和空调系统的功能与组件更换。
任务 2：新能源汽车暖风和空调系统的信号测量。
通过 2 个任务的学习，熟悉新能源汽车暖风和空调系统的功能；能够识别相关组件并进行更换；会进行新能源汽车暖风和空调系统的信号测量。

任务 1 新能源汽车暖风和空调系统的功能与组件更换

一、任务引入

新能源汽车空调系统的功能要求与传统汽车基本相同，但因两者的驱动力来源存在差异，所以结构和实现方式不同。很多混合动力汽车及大多数纯电动汽车的空调系统都使用电动空调（AC）压缩机。这些压缩机通常为涡旋压缩机，即使用高压交流电动机来驱动涡旋组件。通过本任务的学习，熟悉新能源汽车的空调系统功能，并会进行相关组件的更换。

二、任务要求

知识要求：
- 掌握新能源汽车暖风和空调系统的基本组成。
- 熟悉各组件的结构和功能。

技能要求：

- 能通过维修手册更换新能源汽车暖风和空调系统的相关组件。

职业素养要求：

- 严格执行汽车检修规范，养成严谨科学的工作态度。
- 尊重他人劳动，不窃取他人成果。
- 养成总结训练过程的习惯，为下次训练积累经验。
- 养成团结协作精神。
- 严格执行 5S 现场管理。

三、相关知识

1. 新能源汽车暖风和空调系统简介

1.1 传统传动带式空调系统

有些混合动力汽车采用传统的传动带式空调压缩机。如果在空调系统工作时，车辆的怠速停止（怠速起停）功能使发动机熄火，则空调压缩机也会停止工作，但鼓风机仍会继续向车内输送空气。

这在某种程度上可以让车内人员感到凉爽，但也可能在发动机停机时间过长的情况下（例如长时间等交通信号灯）让人难受。这类车辆通常有 MAX 功能，能够取消怠速起停，并使发动机重新起动，以满足任意长时间的空气调节需求。

1.2 电动式空调系统

传统的传动带式空调系统可能会大幅降低车辆的燃油经济性。电动空调压缩机比传统空调压缩机更高效，尤其是当电动机是由类似于动力电池组这样的高压部件来供给较高电压时。

一般而言，电动空调压缩机是通过小型变频器驱动的交流电动机驱动的。压缩机的变频器可以整合到压缩机组件中，或并入到另一部件里，例如车辆的主变频器组件。

电动空调压缩机将电动机整合到了空调压缩机室中。压缩机并非由离合器控制，可通过改变电动机转速来不断改变压缩机的输出功率。影响压缩机输出功率的因素包括：

- 蒸发器温度
- 车厢温度
- 环境温度
- 目标蒸发器温度

电动空调压缩机未采用轴端密封设计，避免了传统空调压缩机轴端泄漏的情况，如图 4-1-1 所示。

一般情况下，电动空调压缩机通过使系统制冷剂在电动机周围或附近循环来冷却电动机。由于空调系统的冷冻机油悬浮在制冷剂上，冷

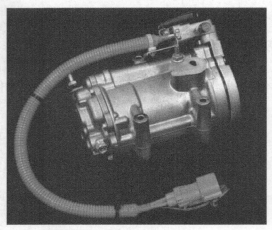

图 4-1-1　电动空调压缩机

冻机油一定不能导电。常规的冷冻机油会污染系统，可能导致汽车的车载诊断系统设定诊断故障码（DTC），误认为出现高压电搭铁的故障。在这种情况下，难以从系统中彻底清除污染油，可能需要更换整个部件。

1.3 混合式空调系统

这里的"混合"与混合动力汽车无关，尽管某些混合动力汽车会使用它。混合式空调系统是由传动带式空调压缩机和电动空调压缩机共同组成的。2006~2011款的本田思域混合动力汽车就采用了这种空调压缩机。正常工作时，空调控制系统选择最有效的模式：机械驱动模式或电驱动模式。它既可由发动机驱动，也可由电动机驱动，还可由两者一起驱动。发动机不工作时，电动机可驱动其继续工作，保证车内的温度。如果车外温度特别高，需要高速制冷，单靠电动机驱动已经不行时，则发动机会自动起动，将冷气源源不断地输送到车内。当车内温度已稳定到最佳水平时，发动机又会自动熄火，从而降低油耗。

1.4 遥控空调系统

遥控空调系统能让车辆操作人员通过智能手机应用程序或汽车密钥卡来激活空调系统。在传统的混合动力汽车中，使用手机应用程序或汽车密钥卡遥控启动空调后，空调最长可运行3min，这取决于动力电池的荷电状态（SOC）。在插电式混合动力汽车中，遥控空调最多可运行10min，这是因为车内空间更大，所需空调运行时间更长，同时也与动力电池的SOC有关。

发出激活遥控空调系统的命令后，如果车门尚未锁上，则车辆的控制系统通常会锁住车门，同时闭合动力电池包的高压主继电器，使动力电池包为空调压缩机供电。然而，尽管高压主继电器处于闭合状态，遥控空调系统仍不会使车辆上电（即由READY变为ON）。在下列任一种情况下，都将发出关闭遥控空调系统的命令：

- 遥控空气调节超时。
- 动力电池的荷电量低于规定阈值。
- 车辆的车门处于解锁状态。

1.5 车内太阳能通风系统

有些混合动力汽车和纯电动汽车将太阳能电池板安装在车顶，当车辆断电（即由READY变为OFF），且在炎热天气下停车时，可打开太阳能通风系统使车内通风换气，但是太阳能电池板不会为车辆的动力电池包充电。

通常情况下，太阳能通风系统是通过开关控制的。当车内温度上升到高于规定温度值时，如果接通了太阳能通风系统且太阳能电池板能输出足够高的电压，则太阳能电池板输出的电流会激活汽车内部鼓风机。在昏暗或多云的天气，太阳能通风系统可能无法产生足够高的电压。有些太阳能通风系统还可控制车内通风口。因此风扇控制器通常是独立安装的，这样就使太阳能电池板的电压与汽车的电气系统分隔开来。

2. 新能源汽车暖风和空调系统的结构组成与功能

2.1 丰田普锐斯暖风和空调系统

2.1.1 系统特点

（1）高性能

第三代丰田普锐斯空调系统采用神经网络控制，使乘客可以精确地控制空调，以获得最佳的舒适度。微尘花粉过滤模式控制,可去除驾驶人和前排乘客周围区域的花粉,保证车厢内的空气质量。鼓风机手动模式有7个等级,自动模式有31个等级,便于对出风量进行精确控制。组合仪表集成了显示转向盘装饰盖开关操作的触摸追踪显示器,有助于缩短驾驶人的视线移动距离,使其专注于路面。

太阳能通风系统利用电能控制鼓风机分总成,将停车时车厢内的高温气体排放到车外。制冷循环中采用压缩/喷射器循环系统,提高了制冷效果、降低了能量消耗。正温度系数(PTC)加热器系统利用电加热,可快速加热通过暖风散热器分总成的空气,从而提高加热器效率。

(2)轻量化

系统采用带内置集成电路的总线连接器,减少了线束使用量,降低了整车质量。

(3)结构紧凑

系统采用电动变频器压缩机、喷射循环(ECS)型蒸发器分总成、直流铝质(SFA)-Ⅱ型暖风散热装置分总成、带储液器的多流式(MF)-Ⅳ冷凝器总成等模块化部件,不仅确保了较高的制冷或加热性能,还使结构更加紧凑。

2.1.2 系统的组成及功能

普锐斯暖风和空调系统的组成如图4-1-2所示,它采用ES18型电动变频压缩机,即使发动机不工作,空调系统也能工作,使人体感觉更舒适,同时也减少了燃油消耗。

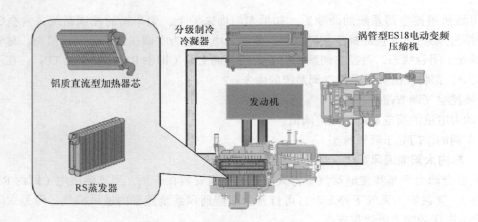

图4-1-2 普锐斯空调系统

变频压缩机的转速可以根据空调放大器计算出的理想转速来调节。因此,系统的冷却性能和除湿性能相对传统产品都得到了改善,同时节约了电能。压缩机的进排气管采用了低湿度渗入软管,可减少进入制冷循环中的湿气。2个PTC(正温度系数)加热器安装在散热器芯上,它直接加热通过散热器片的空气。鼓风机也采用电动机控制器,减少了传统鼓风机线性控制器生热所造成的功率损失,从而减少了燃油消耗。

(1)发动机舱部分

如图4-1-3所示,发动机舱部分主要部件的功能:电动逆变器压缩机,功能是执行制冷剂气体的吸入、压缩和排放,为制冷剂循环提供动力;带储液器的冷凝器总成,功能是实现高效率的热交换;环境温度传感器,功能是检测环境温度,并输出至空调放大器总成;空调压力传

项目 4　暖风和空调系统

感器，功能是检测制冷剂压力，并发送数据至空调放大器总成；ECU，功能是接收来自发动机冷却液温度传感器的信号，并将其传输至空调放大器总成。

（2）控制部分

如图 4-1-4 所示，控制部分主要部件的功能：空调控制总成，功能是将操作指令输入系统；空调放大器总成，功能是将数据传输至开关和传感器，并接收来自开关和传感器的数据；阳光传感器，功能是检测太阳光的变化量，并将其输出至空调放大器总成；转向盘装饰盖开关总成，功能是发送转向盘装饰盖开关操作信号至空调控制总成；ECO 模式开关，功能是发送 ECO 模式开关操作信号至空调控制总成。

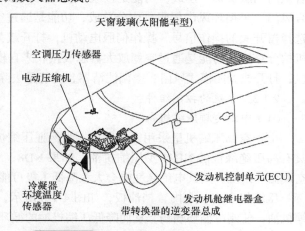

图 4-1-3　空调系统组成（发动机舱部分）

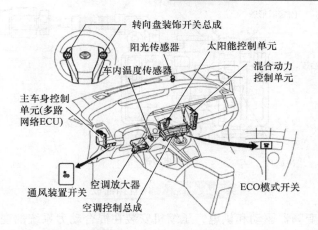

图 4-1-4　空调系统组成（控制部分）

（3）乘员需求部分

如图 4-1-5 所示，乘员需求部分主要部件的功能：鼓风机分总成，功能是以适当的风速使室内空气循环；暖风散热器分总成，功能是加热通过暖风散热器分总成的空气；膨胀阀，功能是以雾化形式喷射制冷剂；蒸发器分总成，功能是与通过蒸发器分总成的空气进行快速热交换；蒸发器温度传感器，功能是检测经过蒸发器分总成的冷空气温度，并传输数据至空调放大器总成；车内温度传感器，功能是检测车内温度，并输出至空调放大器总

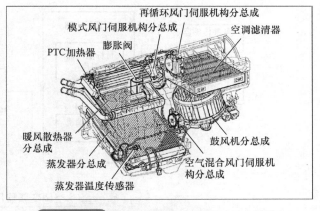

图 4-1-5　空调系统组成（乘员需求部分）

125

成；PTC加热器（快速加热器总成），功能是可快速加热通过暖风散热器分总成的空气；空气混合风门伺服机构分总成，功能是接收来自温度设定的信号，操作伺服电动机打开和关闭空气混合风门；再循环风门伺服机构分总成，功能是通过空调放大器总成接收来自新鲜空气/再循环选择器开关的操作信号，操作伺服电动机，打开或关闭新鲜空气/再循环风门；模式风门伺服机构分总成，功能是通过空调放大器总成接收来自模式选择器开关的操作信号，操作伺服电动机，打开或关闭模式风门；空调滤清器，功能是去除花粉和其他微粒，提供清洁的循环空气。

2.1.3 系统的控制组件

（1）电动变频压缩机

由于空调压缩机里采用了电动机，为保证压缩机和压缩机壳内高压部分的绝缘性，使用了具有高压绝缘性的ND11型压缩机油。如果ND8、ND9、ND10或其他类型的压缩机油混进了空调循环系统，则其电绝缘性能会大大降低（极可能造成漏电）。

压缩机中有一个内置挡油板，如图4-1-6所示，可挡住制冷循环过程中与制冷剂混合的压缩机油，使制冷循环顺畅，从而降低压缩机油的循环率。

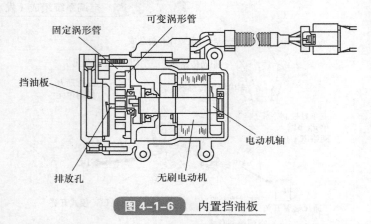

图4-1-6 内置挡油板

该压缩机由空调变频器驱动和供电，压缩机安装在混合动力系统的变频器上（图4-1-7）。压缩机采用高压交流电。如果压缩机电路发生断路或短路，则HV ECU会切断空调变频器电路以停止向压缩机供电。

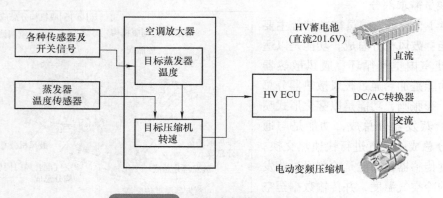

图4-1-7 空调变频器用于调节压缩机

项目 4　暖风和空调系统

（2）鼓风机电动机控制器

鼓风机电动机控制器根据空调放大器输入的占空比信号，通过控制输出电压来调节鼓风机电动机的转速。如图 4-1-8 所示，来自空调放大器的占空比信号：0~5V，到鼓风机电动机的信号：0~13.5V（+B）。

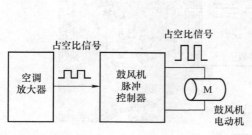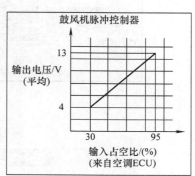

图 4-1-8　鼓风机电动机控制

鼓风机电动机起动控制：鼓风机电动机起动后，空调放大器向鼓风机脉冲控制器发送一个低占空比的激活信号，控制器向鼓风机电动机施加一个低电压，使鼓风机电动机低速运转 3s，以保护鼓风机脉冲控制器不受突然起动电压的冲击。

手动控制：根据鼓风机开关的调节情况可以手动设置鼓风机的转速。

自动控制：按下转向盘上的 AUTO 开关或触摸显示屏的空调画面，空调放大器自动调节到鼓风机脉冲控制器占空比，实现空气量无级传送。

（3）湿度传感器（包括车内温度传感器）

车内温度传感器增加了湿度传感器的功能，空调系统工作时优化了除湿性能，减少了压缩机的耗电量，同时调节了车内的湿度，提高了车内的舒适度。

车内温度传感器内的湿度传感器通过电阻膜吸收和释放车内的湿气，如图 4-1-9 所示。湿度传感器电阻膜放大（吸收湿气时）或收缩（干燥时），湿度传感器电阻上的碳膜间隙会放大或收缩，从而改变电极间的电阻。电极间电阻的变化会引起湿度传感器输出电压的变化，空调放大器通过湿度传感器输出电压的变化来测定车内湿度。

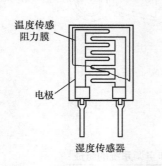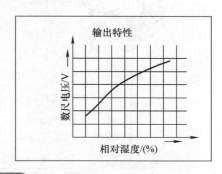

图 4-1-9　湿度传感器

（4）暖风电动水泵

暖风电动水泵，如图 4-1-10 所示，在发动机不运转时也能发挥稳定的加热性能。由于采用

127

了阻力很小的新型电动水泵,取消了旁通阀。当鼓风机电动机打开,发动机混合动力系统停止工作时,空调放大器根据空气混合风门开度控制电动水泵。

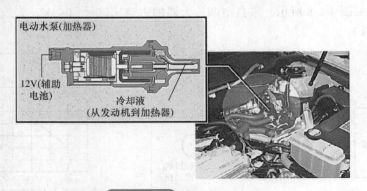

图 4-1-10　暖风电动水泵

2.2　比亚迪 e5 空调和暖风系统

2.2.1　系统的基本组成

比亚迪 e5 的暖风和空调系统采用 BC14 型电动压缩机自动调节空调。系统主要由电动压缩机、冷凝器、HVAC 总成、制冷管路、PTC 加热器、暖风水管、风道及空调控制器等部件组成,如图 4-1-11 所示。具有制冷、采暖、除霜除雾、通风换气四种功能。该系统利用 PTC 加热器采暖,采用蒸汽压缩式循环制冷,制冷剂为 R410a,加注量为 430g。冷冻机油型号为 POE,加注量为 135mL。控制方式为按键操纵式。自动空调箱体的模式风门、冷暖混合风门及内外循环风门都是电动机控制的。

图 4-1-11　比亚迪 e5 暖风和空调系统的组成

2.2.2　系统的控制组件

（1）电动压缩机

制冷系统采用电动压缩机,额定功率 2kW。电动压缩机位于发动机舱左侧,固定在变速器上，如图 4-1-12 所示。系统工作时，高压压力为 2.0~3.0MPa，低压压力为 0.5~1MPa。它在空调系统回路中起驱动制冷剂的作用，将机械能转换为热能。

目前，电动压缩机的主流形式是控制器与压缩机本体集成，其主要结构是压缩机与电控装置的组合体。e5 车型也不例外，它采用适合高电压、变频节能的一体化压缩机，类型为涡旋式。如图 4-1-13 所示，螺旋形内盘由三相交流同步电动机通过一个轴驱动，并进行偏心旋转。通过固定式螺旋形外盘（静盘）上的两个开口吸入低温低压气态制冷剂，然后通过动盘向中部移动，使制冷剂压缩、变热。以偏心方式转动 3 圈后，吸入的制冷剂压缩、变热，可通过外盘中部的开口以气态释放。高温高压气态制冷剂从此处经机油分离器流至电动压缩机出口。经过消声器输送到冷凝器，在冷凝器放热后变成高温高压气态制冷剂，经干燥瓶到膨胀阀，节流后变成低温低压液雾状进入蒸发器。吸收鼓风机吹过的空气变成低温低压气态制冷剂。变冷的空气进入车内。

图 4-1-12　电动压缩机安装位置

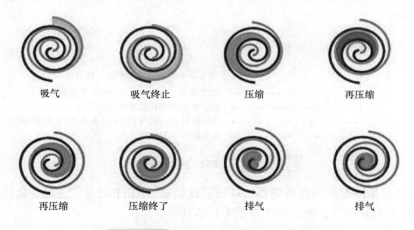

图 4-1-13　涡旋压缩机压缩工作过程

通过压力传感器，压力过高或过低时会进行压力保护。温度保护方式分为蒸发器温度保护（低温保护 0~2℃），压缩机温度过高保护（高温保护 130℃ ±5℃）。

（2）电子膨胀阀

电子膨胀阀和变频压缩机协同工作，安装位置如图 4-1-14 所示，同时利用它精确控制流量的功能，整体提升空调系统的工作效率。可实时调节开阀速度、开度，相较 TXV 有更灵活的可控性。根据控制器的脉冲电压信号，线圈驱动步进转子旋转。通过精密丝杆传动，转子将旋转运动转化为阀芯的轴向直线移动。通过上述运动，阀芯在控制器的控制下调节阀体通道大小，以实现制冷剂的设计流量。

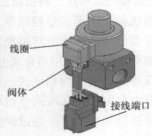

图 4-1-14　电子膨胀阀

（3）充注阀口

比亚迪 e5 空调系统采用的是 R410a 制冷剂，抽真空和加注分为 2 套设备。R410a 属于高压制冷剂，维修空调系统时，如需更换零部件，一定要用制冷剂回收设备或压力表放出制冷剂，以避免高压制冷剂喷出，给维修人员带来伤害。

（4）PTC 加热器

暖风系统采用 PTC 加热器，额定功率 6kW。PTC 加热冷却液后供给暖风芯体，具体含义如图 4-1-15 所示。

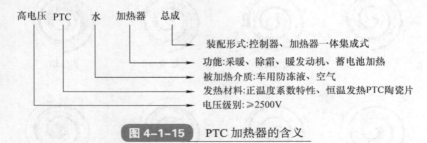

图 4-1-15　PTC 加热器的含义

PTC 加热器自带冷却液温度传感器、高压互锁装置、IGBT 温度传感器、电压采集、电流采集及对应的自动保护程序，安装位置如图 4-1-16 所示。

图 4-1-16　PTC 加热器的结构及安装位置

项目 4　暖风和空调系统

PTC 加热器上装有冷却液温度传感器，以监测流经 PTC 加热器后的冷却液温度。PTC 加热器的输出功率由空调控制器根据车内温度、设定温度、冷却液温度等信息综合判断后决定。

（5）暖风电动水泵

暖风电动水泵安装在电动压缩机后上方，在四合一总成安装支架上固定，如图 4-1-17 所示。

图 4-1-17　暖风电动水泵

（6）空调控制器

空调控制器是整个空调系统（包括制冷和采暖）的总控中心，协调控制空调系统的工作。它安装在蒸发箱底部，如图 4-1-18 所示。空调控制器在整车 CAN 网络上属于舒适网，但它与电动压缩机模块、PTC 模块组成一个空调子网。

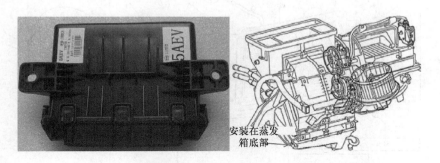

图 4-1-18　空调控制器安装位置

四、任务实施

1. 任务准备

安全防护：做好车辆高压安全防护与隔离。

工具设备：举升机、绝缘防护用品、绝缘工具套装、常规工具套装。

台架车辆：比亚迪 e5 分控联动系统（行云新能 INW-EV-E5-FL）、比亚迪 e5 教学版整车和普锐斯整车。

辅助资料：汽车维修手册、教材。

2. 实施步骤

2.1 普锐斯暖风和空调系统组件的更换

2.1.1 系统组件的识别（图4-1-19）

暖风和空调系统组件，如图4-1-19所示。

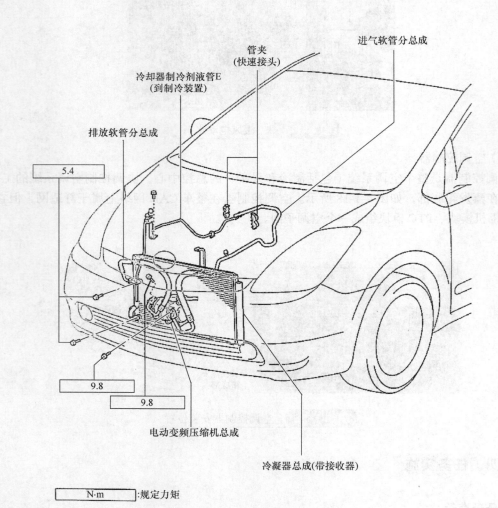

图 4-1-19　暖风和空调系统组件

项目 4　暖风和空调系统

（1）空调散热器总成组件

空调散热器总成组件，如图 4-1-20、图 4-1-21 所示。

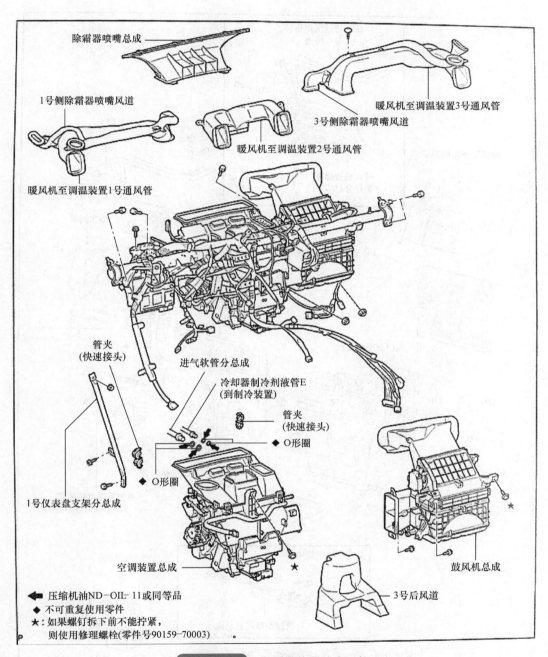

图 4-1-20　空调散热器总成组件 1

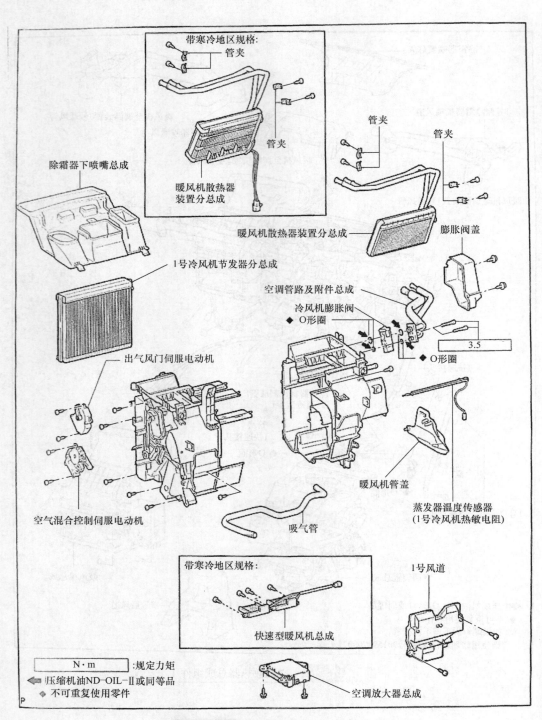

图 4-1-21　空调散热器总成组件 2

（2）鼓风机总成组件
鼓风机总成组件，如图4-1-22所示。

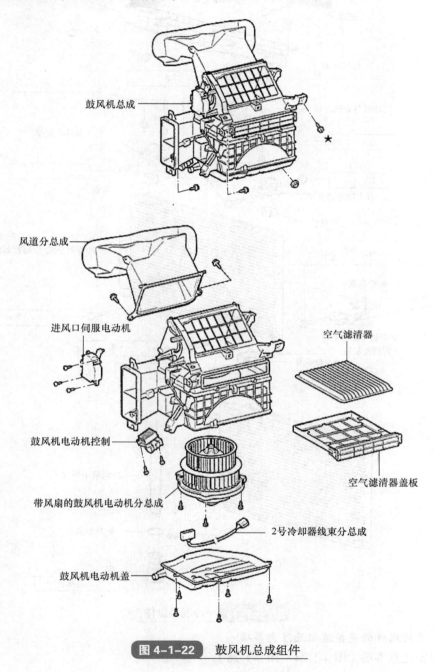

图 4-1-22　鼓风机总成组件

（3）冷凝器组件
冷凝器组件，如图4-1-23所示。

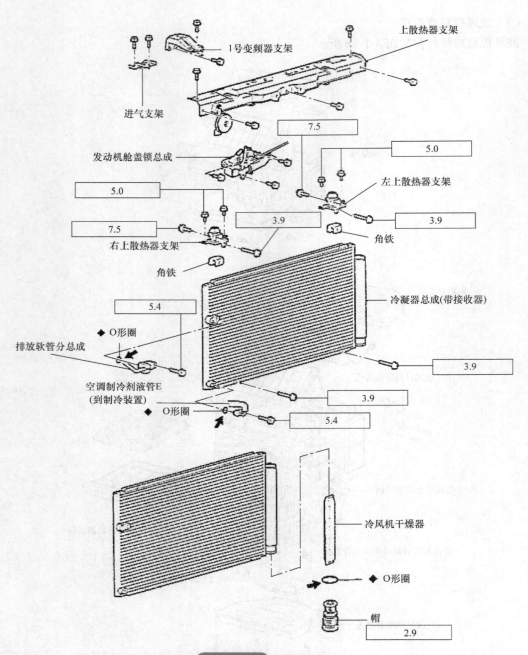

图 4-1-23　冷凝器组件

2.1.2　系统组件的更换流程及注意事项

（1）更换注意事项（图 4-1-24～图 4-1-26）

压缩机有高压电路，因此检查前要戴绝缘手套并拔去检修塞以切断高压电路。

项目 4　暖风和空调系统

1）不要在封闭区域或靠近明火的地方处理制冷剂。

2）一定要戴护目镜。

3）不要将液态制冷剂弄到眼睛或皮肤上。如果液态冷却剂溅到眼睛或皮肤上：

① 用大量冷水冲洗患处。

② 把干净的凡士林膏涂在皮肤患处。

③ 立刻去医院接受专业治疗。

4）不要加热存放制冷剂的容器或将其置于明火中。

5）存放制冷剂的容器不能受到冲击。

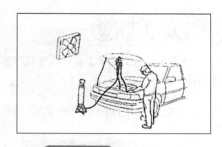
图 4-1-24　注意事项 1

6）制冷系统中的制冷剂不足时不要运行压缩机。如果制冷系统中制冷剂不足，则润滑将会不良，压缩机可能烧毁。

7）压缩机工作时，不要打开高压歧管阀，只打开或关闭低压阀。如果打开高压阀，则制冷剂会反向流动，引起充液缸破裂。

8）不要向系统加注过多的制冷剂。制冷剂加得过多，会导致冷却效率降低，燃油经济性降低，发动机过热等。

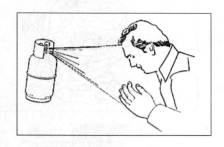
图 4-1-25　注意事项 2

9）初始化应注意：断开蓄电池负极（-）端子后，重新连接端子时，以下系统将被初始化。

系统名称	参见页（行云新能资源库维修手册）
电动窗控制系统	01-29

10）激活混合动力系统时要注意：

① 警告灯亮起或蓄电池断开又重新连接，则初次按下电源开关可能无法启动该系统。如果是这样，则再次按下电源开关。

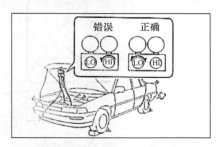
图 4-1-26　注意事项 3

② 打开电源开关（IG），断开蓄电池。如果重新连接时钥匙不在孔内，则可能输出 DTC B2799。

11）维修时的注意事项：

① 电动变频压缩机使用 ND-OIL11 压缩机油。

② 制冷循环中，如果使用（或加入）少量 ND-OIL11 以外的压缩机油，则电绝缘性能将大大下降，导致 DTC 输出。

③ 如果因意外使用其他压缩机油而输出 DTC，则收集压缩机中的压缩机油，更换为 ND-OIL11，增加 ND-OIL11 的比例。

④ 如果大量 ND-OIL11 以外的压缩机油进入系统，则要更换主要组件（蒸发器、冷凝器和压缩机），否则电绝缘性能会下降，导致 DTC 输出。

> 检查前，戴上绝缘手套并拔出检修塞卡箍，因为有些步骤要求断开高压连接器（参见行云新能资源库维修手册05-1107页）。

（2）电动变频压缩机更换流程（图4-1-27～图4-1-36，详细步骤见行云新能资源库维修手册）

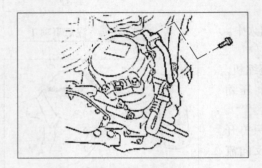

图 4-1-27　步骤 1

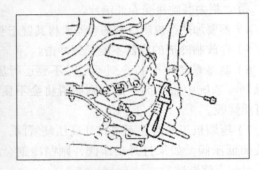

图 4-1-28　步骤 2

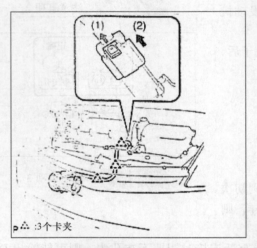

图 4-1-29　步骤 3

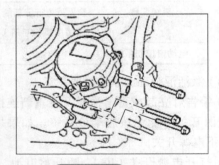

图 4-1-30　步骤 4

图 4-1-31　步骤 5

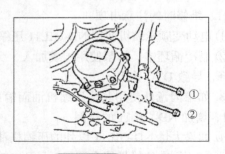

图 4-1-32　步骤 6

项目4　暖风和空调系统

图4-1-33　步骤7

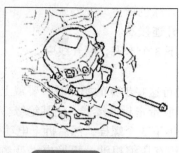

图4-1-34　步骤8

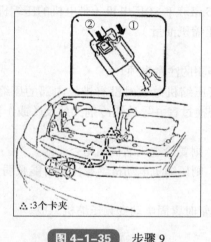

图4-1-35　步骤9

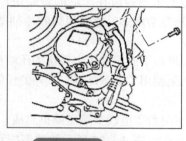

图4-1-36　步骤10

1）拆下2号后地板。

2）拆下后地板盒。

3）拆下3号后地板。

4）断开蓄电池负极端子。

5）拆下检修塞卡箍。

6）从制冷系统中排出制冷剂。

7）断开排放软管分总成：

①拆下螺栓，断开排放软管分总成。

②从排放软管分总成上拆下O形圈。

小心：用尼龙胶带密封排气软管和带电动变频压缩机总成的压缩机总成，断开零件开口处，以防进入湿气和异物。

8）断开进气软管分总成：

①拆下螺栓，断开进气软管分总成。

②从进气软管分总成上拆下O形圈。

小心：用尼龙胶带密封进气软管和带电动变频压缩机总成的压缩机总成，断开零件开口处，以防进入湿气和异物。

9）拆下电动变频压缩机总成：

① 松开绿色锁。
② 断开连接器。
③ 拆下 3 个卡夹，断开线束。
小心：
- 进行这些步骤的操作时，要戴上绝缘手套。
- 用胶带密封连接器，使其绝缘。
④ 先拆下 3 个螺栓，然后拆下电动变频压缩机总成。

10）检查压缩机油。更换电动变频压缩机总成时，逐渐排放来自检修阀的惰性气体（氮气）。新电动变频压缩机总成的压缩机油量：

[新电动变频压缩机内压缩机油容量 100mL（+15mL）] －（用电机（带电机的压缩机总成）换下压缩机总成时的剩余油量）=（安装前要排放的压缩机油量）

注意：
- 检查压缩机油量时，遵守冷却器拆卸 / 安装步骤的注意事项。
- 压缩机油残留在车辆的管路中，如果安装新压缩机总成时没有排放内部的压缩机油，则压缩机油量会增多，这会阻碍制冷剂循环中的热交换过程并导致制冷剂失效及（或）异常振动。
- 如果拆下的压缩机中残留的压缩机油量太少，则要检查压缩机油是否泄漏。
- 如果使用了除 ND-OIL11 外的任何压缩机油，则压缩机电动机绝缘性能可能减弱，导致漏电。

11）暂时紧固电动变频压缩机总成。用 2 个螺栓暂时紧固电动变频压缩机总成。
注意：按如图 4-1-32 所示的顺序拧紧螺栓。

12）充分拧紧电动变频压缩机总成：
① 用 2 个螺栓充分拧紧电动变频压缩机总成，力矩：25N·m。
注意：按如图 4-1-33 所示顺序拧紧螺栓。
② 用螺栓充分拧紧电动变频压缩机总成，力矩：25N·m。
③ 连接线束。
注意：进行这些步骤的操作时，要戴上绝缘手套。
④ 用 3 个卡夹连接线束。
⑤ 连接连接器。
⑥ 锁上绿色锁。

13）安装进气软管分总成：
① 将压缩机油充分涂抹到电动变频压缩机总成的 O 形圈安装面上。
② 将 O 形圈安装到进气软管分总成上。
③ 拧紧力矩：9.8N·m。

14）安装排放软管分总成：
① 将压缩机油充分涂抹到电动变频压缩机总成的 O 形圈安装面上。
② 将 O 形圈安装到排放软管分总成上。
③ 用螺栓安装排放软管总成。力矩：9.5N·m。

15）安装检修塞卡箍。

项目 4　暖风和空调系统

16）连接蓄电池负极端子。
17）安装 3 号后地板。
18）安装后地板盒。
19）安装 2 号后地板。
20）注入制冷剂。规定量：450g±30g。
21）预热压缩机。
22）检查制冷剂是否泄漏。
（3）暖风电动水泵的更换流程（图 4-1-37~图 4-1-43，详细步骤见行云新能资源库维修手册）

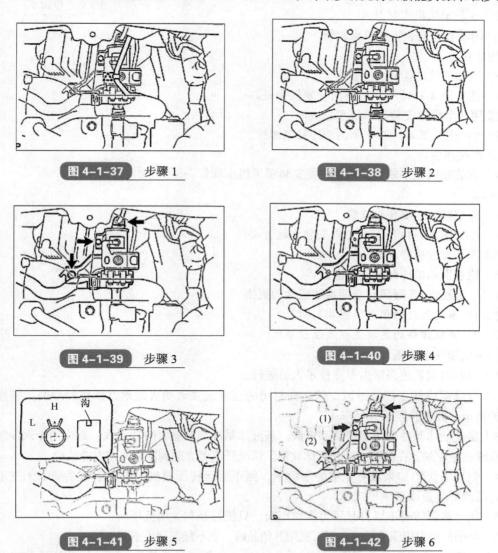

图 4-1-37　步骤 1　　　　图 4-1-38　步骤 2

图 4-1-39　步骤 3　　　　图 4-1-40　步骤 4

图 4-1-41　步骤 5　　　　图 4-1-42　步骤 6

1）断开暖风机水软管：
① 脱离卡夹，断开线束。
② 滑动软管卡夹，然后断开暖风机水软管。

注意：
- 不要对暖风机软管用力过猛。
- 冷却水泄漏时准备一个排放盘或一块布。

2）拆下暖风机水泵总成：
① 断开连接器。
② 拆下 2 个螺栓，然后断开暖风机水泵总成。
③ 滑动软管卡夹，然后断开暖风机水软管。
④ 拆下暖风机水泵总成。

3）安装暖风机水泵总成：
① 用软管夹安装暖风机水软管。

注意：
- 确保软管的沟面向上。
- 按如图 4-1-41 所示的方向安装软管夹。

② 用 2 个螺栓安装暖风机水总成。

注意：按如图 4-1-42 所示的顺序拧紧螺栓。
③ 连接连接器。

4）安装暖风机水软管。用软管夹安装暖风机水软管。

注意：
- 标记面向上安装水软管。
- 按如图 4-1-43 所示的方向安装水软管夹。

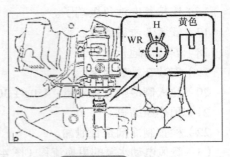

图 4-1-43　步骤 7

5）添加发动机冷却液。
6）检查发动机冷却液是否泄漏。

2.2　比亚迪 e5 暖风和空调系统组件的更换

2.2.1　系统组件的识别（图 4-1-44）

2.2.2　系统组件的更换流程及注意事项

（1）更换注意事项

1）保养空调系统必须由专业技术人员进行。

2）维修前应使工作区通风，请勿在封闭的空间或接近明火的地方操作制冷剂。维修前应戴好护目镜，并保持至维修完毕。

3）避免液体制冷剂接触眼睛和皮肤。若液体制冷剂接触眼睛和皮肤，则应用冷水冲洗，不要揉眼睛或擦皮肤。在皮肤上涂凡士林软膏。情况严重要立刻到医院寻求专业治疗。

4）制冷系统中如果没有足够的制冷剂，则不要运转压缩机。避免由于系统中无充足的制冷剂且润滑不足造成压缩机烧坏。

5）压缩机运转时不要打开压力表高压阀，只能打开和关闭低压阀。

6）必须使用专用压缩机油。不可乱用其他品牌，更不能混用（不同牌号）。

7）比亚迪 e5 空调系统制冷剂加注量为 430g，压缩机油总量为 135mL，当因系统渗漏导致压缩机油总量低于 125mL 时，可能造成压缩机过度磨损，因此维修站应视情况补加压缩机油。

8）空调压力保护是通过三态压力开关实现的，压力过高或过低时压力开关会断开。温度保护方式分为蒸发器温度保护（低温保护 0~2℃），压缩机温度过高保护（温度不得高于 105℃）。

项目 4　暖风和空调系统

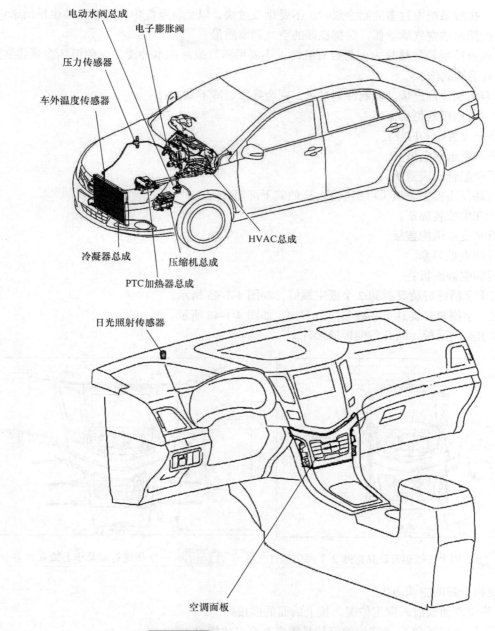

图 4-1-44　比亚迪 e5 暖风和空调系统组件

9）维修时应注意，管路中的 O 形圈必须更换，装配前在 O 形圈上涂压缩机油，按要求力矩拧紧。

10）维修中严格按技术要求操作（充注量、压缩机油型号、力矩要求等），按要求检修空调，保证空调系统的正常工作和使用寿命。

11）因压缩机油具有较强的吸水性，拆下管路时要立即用堵塞或口盖堵住管口，不要使湿气或灰尘进入制冷系统。

12）在排放系统中过多的制冷剂时，不要排放过快，以免将系统中的压缩机油也排出来。

13）定期清洁空气滤清器，保持良好的空气调节质量。

14）检查冷凝器散热片表面是否有脏污，不要用蒸汽或高压水冲洗，以免损坏冷凝器散热片，应用软毛刷刷洗。

15）避免制冷剂过量。若制冷剂过量，则会导致制冷不良。

（2）空调面板的更换流程

1）将电源置于 OFF 档。

2）断开蓄电池负极。

3）拆卸组合仪表盖罩。

4）拆卸仪表板中盖板（可不取下，只使其下部翘起）。

5）拆卸中控装饰条。

6）拆卸变速机构盖板。

7）拆卸点烟器盒。

8）拆卸空调面板：

① 用十字槽螺钉旋具拆卸 2 个固定螺钉，如图 4-1-45 所示。

② 用一字槽螺钉旋具小心撬起周边卡扣，如图 4-1-46 所示。

③ 取出空调面板，断开后面板插接件。

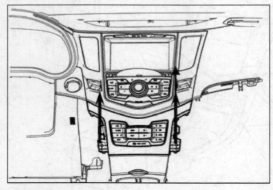
图 4-1-45　用十字槽螺钉旋具拆卸 2 个固定螺钉

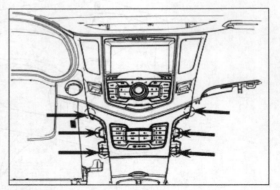
图 4-1-46　一字槽螺钉旋具小心撬起周边卡扣

9）更换全新的空调面板。

10）将空调面板放入固定位置，接上后面的插接件。

11）安装点烟器盒（十字槽螺钉旋具固定 2 个自攻螺钉）。

12）安装变速机构盖板。

13）安装中控装饰条。

（3）空调控制器的更换流程

1）将电源档位置于 OFF 档。

2）断开蓄电池负极。

3）拆卸杂物盒。

4）断开空调控制器连接器。

5）拆卸空调控制器：
① 用套筒拆卸空调控制器，如图 4-1-47 所示。

图 4-1-47　拆卸空调控制器

② 取出空调 ECU 及其支架。
6）安装空调 ECU：
① 将空调 ECU 及其支架装入固定位置。
② 用套筒安装固定螺母。
③ 接上空调 ECU 线束连接器。
7）安装杂物盒。
8）接上蓄电池负极。
（4）PTC 加热器总成的更换流程
1）将电源档位置于 OFF 档。
2）断开蓄电池负极。
3）拆下四合一控制装置。
4）拆下连接 PTC 加热器的暖风管路。
5）拆卸 PTC 加热器：
① 断开 PTC 加热器上的插接件。
② 用棘轮扳手拆卸 2 个固定螺栓和 1 个双头螺柱，取下 PTC 加热器，如图 4-1-48 所示。

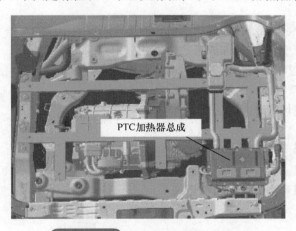

图 4-1-48　拆卸 PTC 加热器总成

6）安装 PTC 加热器：

① 将 PTC 加热器与大支架固定，用棘轮扳手拧紧 2 个固定螺栓和 1 个双头螺柱。

② 接上 PTC 加热器的插接件。

7）接上连接 PTC 加热器的暖风管路。

8）装上四合一控制装置。

9）加注冷却液。

10）接上蓄电池负极。

任务2　新能源汽车暖风和空调系统的信号测量

一、任务引入

要想测量新能源汽车暖风和空调系统的信号，首先要知道其工作原理和各信号的控制逻辑。通过本任务的学习，理解各信号的控制逻辑，并能进行信号测量并给出维修结论。

二、任务要求

知识要求：

- 理解新能源汽车暖风和空调系统的工作原理。
- 熟悉各信号的控制逻辑。

技能要求：

- 能通过维修手册查找暖风和空调系统的针脚端子。
- 会根据维修手册的指引进行暖风和空调系统信号的测量，并给出维修结论。

职业素养要求：

- 严格执行汽车检修规范，养成严谨科学的工作态度。
- 尊重他人劳动，不窃取他人成果。
- 养成总结训练过程的习惯，为下次训练积累经验。
- 养成团结协作精神。
- 严格执行 5S 现场管理。

三、相关知识

1. 丰田普锐斯暖风和空调系统工作原理

1.1　制冷原理

丰田普锐斯全电动空调制冷系统工作原理，如图 4-2-1 所示。

项目 4　暖风和空调系统

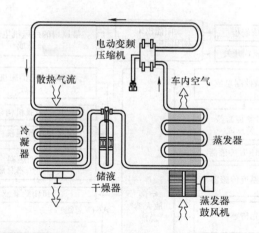

图 4-2-1　丰田普锐斯全电动空调制冷系统工作原理

制冷系统工作时，空调变频器提供交流电驱动电动变频压缩机，电动变频压缩机从低压管路吸入低温低压的气态制冷剂，将其压缩成高温高压气态制冷剂（压缩过程），再通过高压管道将其送入冷凝器，经冷凝器冷却后，变为高温高压的液态制冷剂（冷凝过程），然后送往储液干燥器，经干燥过滤后，通过高压管道流入膨胀管，经膨胀管小孔节流，变成低温低压雾状的液／气态混合物（降温降压），最后进入蒸发器中，在其内膨胀蒸发吸收大量热量，变成低温低压的气态制冷剂（蒸发吸热过程），重新被电动变频压缩机吸入进行循环。在此过程中，鼓风机不断将蒸发器表面的冷空气吹入车内，达到制冷的目的。

1.2　暖风原理

丰田普锐斯全电动空调暖风系统工作原理，如图 4-2-2 所示。

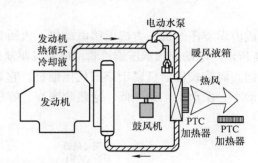

图 4-2-2　丰田普锐斯全电动空调暖风系统工作原理

发动机冷却液温度高于规定温度时，直流逆变器驱动电动水泵把发动机的冷却液抽入暖风水箱中，加热周围的空气，鼓风机把热空气吹入车内。冷却液降温后通过散热器回到发动机中。发动机冷却液温度低于规定温度时，冷却液不能提供足够的热量或不能提供热量，这时，PTC 加热器加热空气，鼓风机把热空气吹入车内。

1.3　控制原理

第三代丰田普锐斯空调系统采用神经网络控制，使乘客可以精确调节温度和风量，如图 4-2-3 所示。下面详细介绍该系统的几种典型控制模式。

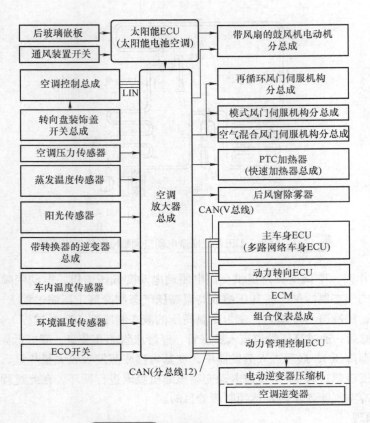

图 4-2-3　空调控制系统框架图

（1）压缩机控制

电动变频器压缩机总成由涡旋压缩机、直流无刷电动机、机油分离器、电动机轴和空调变频器等组成，如图4-2-4所示。电动变频器压缩机除由电动机驱动外，其基本构造和工作原理与普通涡旋式压缩机相同。涡旋式压缩机属于第三代压缩机，它具有体积小、重量轻、零部件少、运动部件受力波动小、振动小、噪声低、绝热效率高、容积效率高、机械效率高等优点。

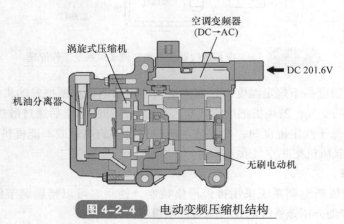

图 4-2-4　电动变频压缩机结构

项目 4　暖风和空调系统

涡旋式压缩机主要由动、静 2 个涡旋盘、防自转机构、主轴和支架体等部件组成。其中，动、静 2 个涡旋盘相对旋转一定角度（通常为 180°），并错开一定距离后（该距离为主轴偏心距）对插在一起，实现动、静涡旋盘的啮合，形成多个啮合点的月牙工作腔。随着主轴带动动涡旋盘旋转，多组月牙工作腔容积逐渐由大变小，从而实现封闭工作腔容积的周期性变化，完成制冷剂蒸气的吸入、压缩和排放循环，如图 4-2-5 所示。压缩机内置机油分离器，能够分离与制冷剂混合在一起进入到制冷循环中的压缩机油，降低了机油循环率。

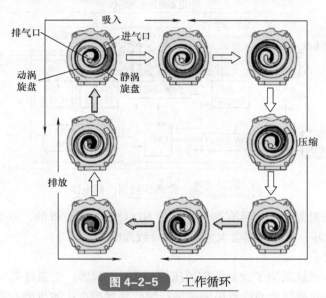

图 4-2-5　工作循环

电动变频器压缩机由混合动力（HV）蓄电池经逆变器变频的交变电流（变频器与压缩机集成为一体）供电，因此空调系统的工作不依赖发动机，使车辆能够提供更舒适的驾乘环境，并实现较低的油耗，如图 4-2-6 所示。

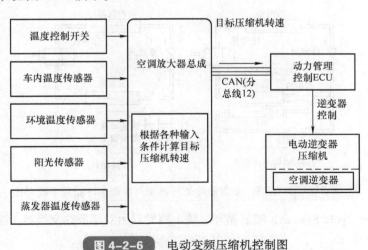

图 4-2-6　电动变频压缩机控制图

空调放大器总成根据目标蒸发器温度（由温度控制开关、车内温度传感器、环境温度传感器和阳光传感器信号计算得出）计算目标压缩机转速。实际蒸发器温度参数通过空调放大器总

149

成传输给 HV 动力管理控制 ECU。HV 动力管理控制 ECU 根据目标压缩机转速数据控制空调逆变器输出变频电压，从而控制电动变频压缩机，达到适合空调系统工作条件的转速。该转速控制在不影响制冷或除雾性能的范围之内，实现了舒适性和低能耗。

电动变频压缩机使用高变频电压，如果电路中发生短路或断路，则 HV 动力管理控制 ECU 会自动切断空调变频器电路，停止向压缩机的电动机供电，如图 4-2-7 所示。

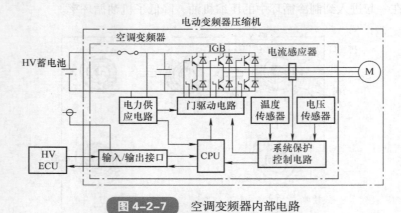

图 4-2-7　空调变频器内部电路

电动变频器压缩机需要使用具有高绝缘性的 ND-OIL11 压缩机油，非 ND-OIL11 压缩机油混合在空调系统内循环，绝缘性能会大大降低，导致漏电故障。

（2）制冷量控制

普锐斯空调制冷系统采用了世界首创的压缩/喷射空调器。它通过蒸发器上的喷射器将常规制冷循环系统中因涡流导致的能量损失，进行回收并转换成压缩机的有用功，从而提高制冷循环系统的 COP（COP = 制冷能力/压缩机消耗动力），起到节能的效果。压缩/喷射制冷循环系统与常规制冷循环系统的对比，如图 4-2-8 所示。

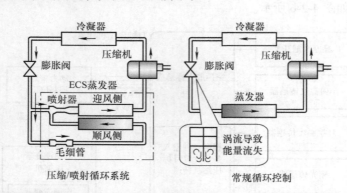

图 4-2-8　压缩/喷射制冷循环系统与常规制冷循环系统对比

ECS（Ejector Cycle System，喷射循环系统）蒸发器由双层散热交换器（迎风侧和顺风侧）组成，如图 4-2-9 所示。

喷射器安装在迎风侧散热器的制冷剂储液槽内，如图 4-2-10 所示，它实现了一体化设计，无需配置连接机构，既保证了耐压的厚壁结构，又减小了体积。

在压缩/喷射空调制冷循环中，经冷凝器冷却的高压液态制冷剂，通过膨胀阀的节流分成

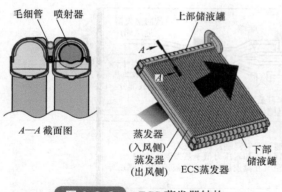

图 4-2-9 ECS 蒸发器结构

图 4-2-10 ECS 喷射器结构

2 个流向：其中一部分流到顺风侧蒸发器吸热蒸发，并作为被吸流体进入喷射器，另一部分直接作为工作流体进入喷射器膨胀，将势能转化为动能，并与被吸流体混合，再在喷射器扩压室内减速升压，将动能转化为势能，使进入迎风侧蒸发器吸热蒸发出来的制冷剂压力升高，如图 4-2-11 所示。

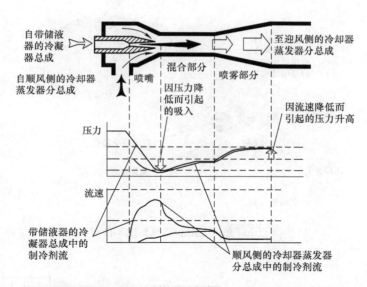

图 4-2-11 压缩/喷射型空调制冷循环系统工作过程

喷射器的作用：一方面，提高了压缩机入口制冷剂的压力，回收了部分节流损失功；另一方面，使顺风侧蒸发器中的制冷剂压力低于迎风侧蒸发器制冷剂压力，形成更低的温度条件，减少蒸发器温差传热损失，如图 4-2-12 所示。

（3）太阳能通风控制

普锐斯的空调系统中装有太阳能通风系统。停车后，太阳能通风系统被激活，排出车内高温气体以降低或抑制车内温度的升高。太阳能通风系统部件组成如图 4-2-13 所示。

太阳能通风系统控制电路如图 4-2-14 所示。太阳能通风系统依靠太阳能电池组件吸收阳光产生电能，并向太阳能通风 ECU 和鼓风机电动机提供电能。太阳能电池组由 36 片电池片组成，最大输出功率为 53 W。太阳能电池组件在阳光照射量变大，及自身温度变低时，供电量增加。

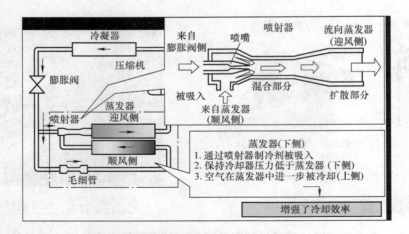

图 4-2-12　制冷效果原理

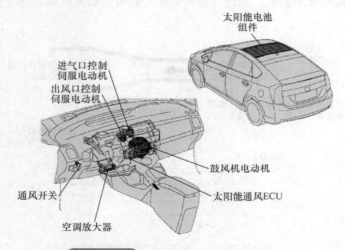

图 4-2-13　太阳能通风系统零件组成

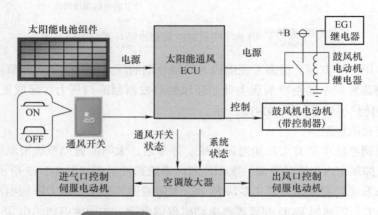

图 4-2-14　太阳能通风系统控制电路

项目 4　暖风和空调系统

太阳能通风系统启动条件：车辆电源模式为关闭；电源关闭；通风开关打开约 10min 后；阳光照射量大于 500W/m²。

太阳能通风系统关闭条件：车辆电源模式打开；通风开关关闭超过 5min；阳光照射量低于 500W/m²；太阳能电池组件电压 ≤ 10V 或 ≥ 18V。

为防止停车后车内冷气流失，系统在电源开关关闭 10min 后开始运行。通风运行时，鼓风机电动机按照太阳能电池组产生的电量来运转。为提供更好的通风条件，在电源开关关闭约 1min 后，空调放大器开关选择空气流入模式为 FRESH（外循环），空气吹出模式为 FACE（面部）。车辆电源打开后，空调放大器会恢复上次停机前的进气模式或吹风位置。

（4）遥控启动

按下钥匙上的遥控空调开关，空调系统使用来自 HV 蓄电池的电源，自动控制空调运行，最长运行时间 3min，在驾乘人员进入车辆前，让空调系统发挥制冷功能。遥控空调系统控制框架如图 4-2-15 所示。

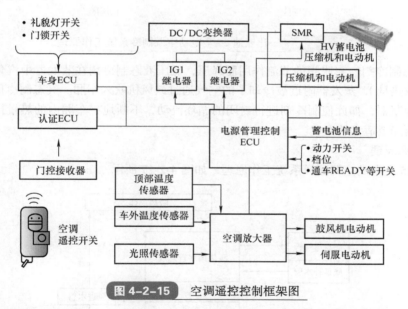

图 4-2-15　空调遥控控制框架图

当电源模式为关闭、点火开关没有按下、档位为 P 档、所有车门均关闭并锁止、发动机舱盖没有打开、制动踏板没有踩下、防盗系统没有在报警状态、HV 蓄电池状态至少为 3 格、空调操作条件设定了目标温度时，按下并保持遥控空调控制开关 0.8s 或更长时间，才能启动遥控空调系统。

系统停止操作条件：不满足上述遥控空调系统启动操作条件时、运行约 3min 后停止、在 3s 内连按两次遥控空调开关。

2. 比亚迪 e5 暖风和空调系统工作原理

2.1　制冷原理

比亚迪 e5 全电动空调制冷系统工作原理，如图 4-2-16 所示。

由空调驱动器驱动的电动压缩机将气态制冷剂从蒸发器中抽出，并将其压入冷凝器。高压气态制冷剂经冷凝器时液化，同时进行热交换（释放热量），热量被车外的空气带走。

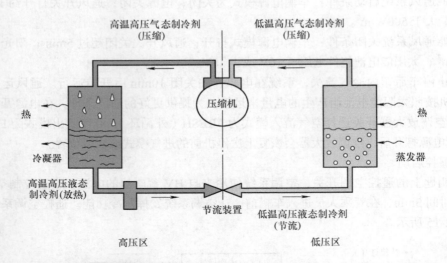

图 4-2-16　比亚迪 e5 全电动空调制冷系统工作原理

高压液态制冷剂经膨胀阀的节流作用而降压，低压液态制冷剂在蒸发器中汽化，同时进行热交换（吸收热量），蒸发器附近被冷却了的空气通过鼓风机吹入车厢。气态制冷剂又被压缩机抽走，泵入冷凝器，如此使制冷剂进行封闭的循环流动，不断地将车厢内的热量排到车外，使车厢内的气温降至适宜的温度。

2.2　暖风原理

比亚迪 e5 全电动空调暖风系统工作原理，如图 4-2-17 所示。

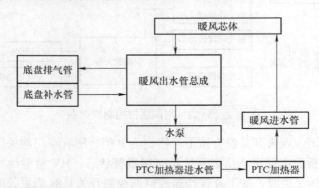

图 4-2-17　比亚迪 e5 全电动空调暖风系统工作原理

供暖系统采用 PTC 加热器加热冷却液，加热后的冷却液流经暖风芯体将热量传递给鼓风机吹出的空气，冷却后的冷却液再由水泵泵入 PTC 加热器，如此循环。加热后的空气被送到车厢内或风窗玻璃表面，用以提高车厢内的温度和除霜。

2.3　控制原理

比亚迪 e5 全电动空调控制逻辑，如图 4-2-18 所示。

（1）电子风扇控制

空调打开，且空调控制器检测到中压开关低电平信号后，控制电子风扇高速旋转。

注意：电子风扇高速工作前，必须先低速运行 2s。

开启压缩机的同时，空调控制器检测系统压力值，向主控制器（电子风扇的运行，是通过主控制器对 3 个继电器的控制实现的，此内容在《动力电池与高压驱动管理》一册中学习）请求电子风扇档位：

- 空调系统压力 < 2.7MPa 时，发送低速档位信号。
- 空调系统压力 ≥ 2.7MPa 时，发送高速档位信号。

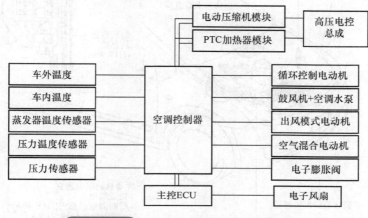

图 4-2-18　比亚迪 e5 全电动空调控制逻辑

（2）制冷控制

通过控制面板打开空调后，空调控制器通过高压侧的压力传感器、低压侧的压力温度传感器和蒸发器温度传感器信号，控制电动压缩机工作。电动压缩机的电源通过高压电控总成中的空调接触器控制。由电子膨胀阀精确控制流量的功能整体提升了空调系统的工作效率。

（3）暖风控制

通过控制面板设定温度后，空调控制器根据车内外温度、设定温度、冷却液温度等信息综合判断后，PTC 加热器开始工作。PTC 加热器的电源通过高压电控总成中的空调接触器控制。鼓风机电动机起动时，空调控制器根据空气混合风门开度控制电动水泵。

四、任务实施

1. 任务准备

安全防护：做好车辆高压安全防护与隔离。

工具设备：数字万用表、示波器、绝缘防护用品、绝缘工具套装、常规工具套装。

台架车辆：比亚迪 e5 分控联动系统（行云新能 INW-EV-E5-FL）、比亚迪 e5 教学版整车和普锐斯整车。

辅助资料：汽车维修手册、电路图、教材。

2. 实施步骤

2.1　普锐斯暖风和空调系统信号的测量

普锐斯暖风和空调系统电器元件位置，如图 4-2-19 和图 4-2-20 所示。

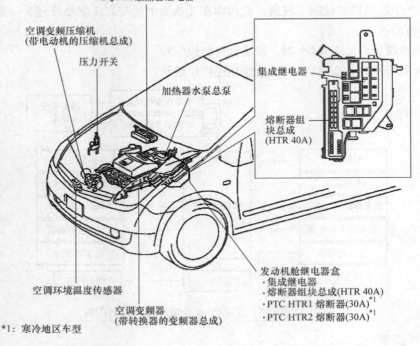

图 4-2-19 普锐斯暖风和空调系统电器元件位置（1）

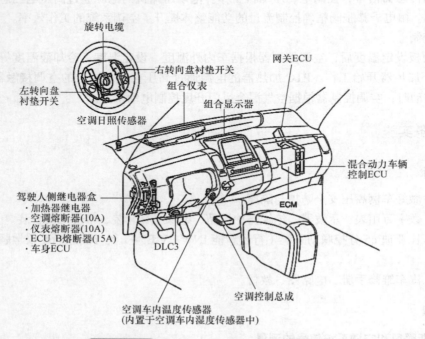

图 4-2-20 普锐斯暖风和空调系统电器元件位置（2）

项目 4　暖风和空调系统

普锐斯暖风和空调系统空调放大器针脚，如图 4-2-21 所示，定义见表 4-2-1。

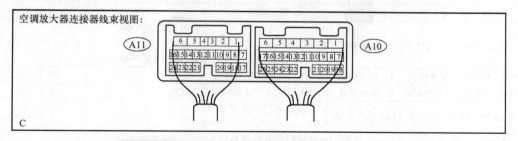

图 4-2-21　普锐斯暖风和空调系统空调放大器针脚

从连接在空调放大器上的连接器后部开始检查。

表 4-2-1　普锐斯暖风和空调系统空调放大器针脚定义

符号（端子号）	配线颜色	端子说明	条件	规格
AIR（A11-22）-GND（A11-1）	G-W-B	再循环/新空气开关信号	电源开关：ON 再循环/新空气开关： FRESH → RECIRC	低于 1.0V → 10~14V
AIF（A11-23）-GND（A11-1）	P-W-B	再循环/新空气开关信号	电源开关：ON 再循环/新空气开关： RECIRC → FRESH	低于 1.0V → 10~14V
AOF（A11-16）-GND（A11-1）	B-W-B	模式开关信号	电源开关：ON 模式 DEF → FACE	低于 1.0V → 10~14V
AOD（A11-24）-GND（A11-1）	Y-W-B	模式开关信号	电源开关：ON 模式 FACE → DEF	低于 1.0V → 10~14V
TPI（A10-19）-SGIPI（A10-4）	V-L	再循环/新空气开关信号	电源开关：ON 再循环/新空气开关： RECIRC → FRESH	4.0V → 1.0V
TPM（A10-18）-SGTPM（A10-23）	LG-P	模式开关信号	电源开关：ON 模式开关：FACE → DEF	4.0V → 1.0V
TP（A10-20）-SGTP（A10-14）	L-LG	温度开关信号	电源开关：ON 温度开关： Max.COOL → Max.HOT	4.0V → 1.0V
SGTE（A10-5）-车身搭铁	Y-车身搭铁	蒸发器温度传感器搭铁	始终	小于 1.0Ω
TE（A10-7）-SGTE（A10-5）	B-Y	蒸发器温度传感器信号	电源开关：ON 蒸发器温度：0℃	2.0~2.4V
TE（A10-7）-SGTE（A10-5）	B-Y	蒸发器温度传感器信号	电源开关：ON 蒸发器温度：15℃	1.4~1.8V
S5TPI（A10-3）-SGTPI（A10-4）	B-L	进气风门位置传感器电源	电源开关：ON	4.5~5.5V
AMC（A11-19）-GND（A11-1）	B-W-B	温度开关	电源开关：ON 温度开关： Max.HOT → Max.COOL	低于 1.0V → 10~14V

（续）

符号（端子号）	配线颜色	端子说明	条件	规格
AMC（A11-17）-GND（A11-1）	R-W-B	温度开关	电源开关：ON 温度开关：Max.COOL→Max.HOT	低于1.0V→10~14V
SGTPI（A10-4）-车身搭铁	L-车身搭铁	进气风门位置传感器搭铁	始终	小于1.0Ω
SGTPM（A10-23）-车身搭铁	P-车身搭铁	出气风门位置传感器搭铁	始终	小于1.0Ω
GTP（A10-14）-车身搭铁	LG-车身搭铁	空气混合风门位置传感器搭铁	始终	小于1.0Ω
S5TPM（A10-11）-SGIPM（A10-23）	O-P	出气风门位置传感器信号电源	电源开关：ON	4.5~5.5V
S5TPM（A10-13）-SGIPM（A10-14）	P-LG	空气混合风门位置传感器信号电源	电源开关：ON	4.5~5.5V
IG（A11-5）-GND（A11-1）	B-W-B	电源开关信号	电源开关：LOCK或ACC→ON	0V→10~14V
+B（A11-6）-GND（A11-1）	Y-W-B	备用电源	始终	10~14V
MPX+（A11-3）-GND（A11-1）	B-W-B	BEAN端子	预热发动机后急速	产生脉冲
MPX2+（11-11）-GND（A11-1）	GR-W-B	BEAN端子	预热发动机后急速	产生脉冲
GND（A11-1）-车身搭铁	W-B-车身搭铁	主电源搭铁	始终	小于1.0Ω
BLW（A11-2）-GND（A11-1）	W-W-B	鼓风机开关信号	电源开关：ON 鼓风机开关：ON	产生脉冲
S5TS（A10-12）-TS（A10-21）	GR-BR	日照传感器信号	电源开关：ON	0.8~4.3V
HR（A11-7）-GND（A11-1）	B-W-B	鼓风机开关信号	电源开关：ON 鼓风机开关：OFF→ON	10~14V→低于1.0V
TR（A10-8）-SGTR（A10-22）	B-W	车内温度传感器信号	电源开关：ON 车内温度：25℃→40℃	1.8~2.2V→1.2~1.6V
SGTR（A10-22）-车身搭铁	W-车身搭铁	车内温度传感器搭铁	始终	小于1.0Ω
ST1（A10-2）-SGST（A10-15）	BR-G	转向盘衬垫开关信号	电源开关：ON 转向盘衬垫开关：Fr.DEF→Rr.DEF→再循环→OFF	低于0.3V→0.8~1.5V→2.0~2.9V→4.6V以上
ST2（A10-1）-SGST（A10-15）	LG-G	转向盘衬垫开关信号	电源开关：ON 转向盘衬垫开关：AUTO→TEMP+→TRMP-→OFF	低于0.3V→0.8~1.5V→2.0~2.9V→4.6V以上
SGST（A10-15）-车身搭铁	G-车身搭铁	转向盘衬垫开关搭铁	始终	低于1.0V
PSW（A10-6）-GND（A11-1）	R-W-B	压力开关信号	电源开关：ON 制冷剂压力：正常→大于1520kPa	低于1.0V→10~14V
RH（A10-9）-GND（A11-1）	R-W-B	湿度传感器信号	电源开关：ON 车内湿度：40%→60%	2.0~2.5V
S5RM（A10-10）-GND（A11-1）	G-W-B	温度传感器电源	电源开关：ON	4.5~5.5V
HTR0（A10-17）-GND（A11-1）	BR-W-B	PTC加热器信号	电源开关：ON 温度开关：Max.HOT 冷却液温度：低于55℃ 鼓风机开关：LO→OFF	低于1.0V→10~14V

项目 4　暖风和空调系统

（续）

符号（端子号）	配线颜色	端子说明	条件	规格
HTR2（A10-25）-GND（A11-1）	P-W-B	PTC 加热器信号	电源开关：ON 温度开关：Max.HOT 冷却液温度：低于 55℃ 鼓风机开关：LO → OFF	低于 1.0V → 10~14V
IDH（A11-18）-GND（A11-1）	V-W-B	DC/DC 变换器信号	电源开关：ON （电压正常→电压过高）	10~14V →低于 1.0V

2.2　比亚迪 e5 暖风和空调系统信号的测量

（1）比亚迪 e5 暖风和空调系统电路原理（图 4-2-22、图 4-2-23）

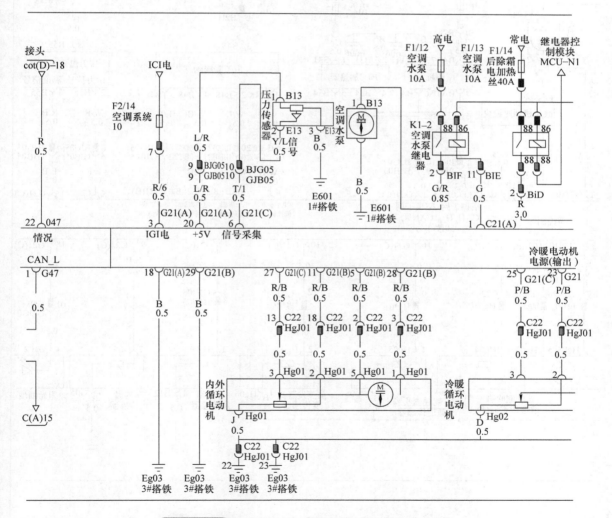

图 4-2-22　比亚迪 e5 暖风和空调系统电路原理（1）

159

空调系统的检修

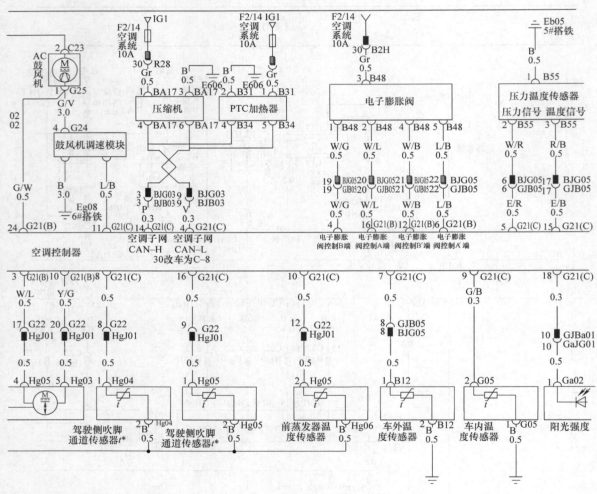

图 4-2-23　比亚迪 e5 暖风和空调系统电路原理（2）

项目 4　暖风和空调系统

（2）比亚迪 e5 暖风和空调系统空调控制器针脚（图 4-2-24 所示，定义见表 4-2-2）。

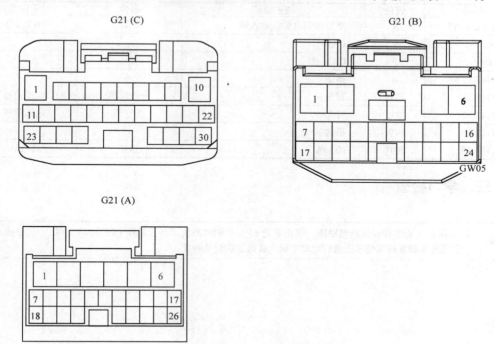

图 4-2-24　比亚迪 e5 暖风和空调系统空调控制器针脚

表 4-2-2　比亚迪 e5 暖风和空调系统空调控制器针脚定义

端子号	线色	端子描述	条件	正常值
G21（A）-3	R/B	IG1 电	始终	11~14V
G21（A）-4	P	空调水泵继电器	开空调	电压信号
G21（A）-14	L/B	鼓风机继电器输出端	开空调	电压信号
G21（A）-18	B	搭铁	始终	—
G21（A）-21	L/Y	压力温度传感器	压缩机开启状态	小于 1V
G21（A）-22	R/Y	模式风门电动机反馈电压		5V
G21（B）-1	G	冷暖电动机反馈电源	开空调	5V
G21（B）-4	P/B	电子膨胀阀控制 A 端		
G21（B）-6	W/G	电子膨胀阀控制 A′端		
G21（B）-12	W/B	电子膨胀阀控制 B′端		
G21（B）-16	W/L	电子膨胀阀控制 B 端	—	—
G21（C）-2	P	CAN-H	—	—
G21（C）-3	V	CAN-L	—	—
G21（C）-5	W/R	压力温度传感器压力信号		
G21（C）-7	B/Y	车外温度传感器		
G21（C）-8	R/L	驾驶人侧吹脚通道传感器		
G21（C）-9	G/B	车内温度传感器		
G21（C）-10	Br	前蒸发器温度传感器		
G21（C）-15	R/B	压力温度传感器温度信号		

161

（续）

端子号	线色	端子描述	条件	正常值
G21（C）-18	R	小灯照明电源负输入端	始终	小于1Ω
G47-1	V	CAN-L		
G47-2	P	CAN-H		
G47-13	B	搭铁	—	—
G47-21	R/B	背光＋	开鼓风机	电压信号
G47-22	RL	背光－	开空调	电压信号
G47-33	B/W	搭铁	—	—
G47-40	R/B	IG1 电	始终	11~14V

五、学习检查

任务	阅读比亚迪和普锐斯电路图，在比亚迪 e5 分控联动系统（行云新能 INW-EV-E5-FL）、比亚迪 e5 教学版整车和普锐斯整车上进行电动空调和暖风加热信号测量
笔记	

项目 5

新能源汽车充电技术

项目描述

本项目共 2 个学习任务,分别是:
任务 1:充电的类型和操作使用。
任务 2:充电组件的技术要求与检修。
通过 2 个任务的学习,熟悉动力电池组的充电类型;独立完成三种方式的充电,并能对各种充电状态指示灯做出判断;熟悉不同充电插头的标准和技术要求;会进行充电组件的检测与维修。

任务 1 充电的类型和操作使用

一、任务引入

通过本任务的学习,熟悉动力电池组的充电类型,能够说出我国常用的充电方法,会通过充电桩或家用 220V 交流电插座对实训插电式混合动力与纯电动汽车进行充电,并能根据不同的充电指示灯判断充电状态。

二、任务要求

知识要求:

- 掌握新能源汽车充电系统的结构组成和作用。
- 熟悉国内外新能源汽车充电类型。

技能要求:

- 能在实训车辆和台架上找出充电组件。
- 会区分实训车辆的充电插头并选择正确的插头充电。
- 能对新能源汽车的充电状态进行识别。

职业素养要求:

- 严格执行汽车检修规范,养成严谨科学的工作态度。
- 尊重他人劳动,不窃取他人成果。
- 养成总结训练过程的习惯,为下次训练积累经验。
- 养成团结协作精神。
- 严格执行 5S 现场管理。

三、相关知识

1. 充电系统基本术语

1.1 简介

目前,我国的插电式混合动力汽车与纯电动汽车对使用的动力电池组采用补充充电或更换两种服务方式,其服务网络如图 5-1-1 所示。

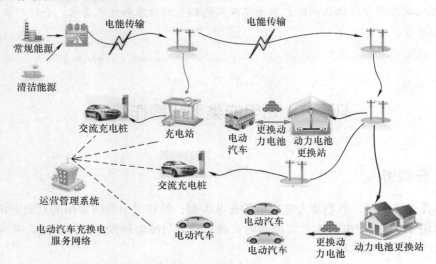

图 5-1-1　电动汽车充换电服务网络

家用车一般采用直流充电和交流充电方式,商用车一般采用换动力电池组的方式,如图 5-1-2 所示。

充电时既需要车内组件,也需要车外组件。在插电式混合动力汽车与纯电动汽车上需要一个充电接口和一个车载充电器,用于转换电压。在车辆外部,除交流电压网络和充电电缆外,还需要一个执行保护和控制功能的设备。图 5-1-3 展示了插电式混合动力汽车与纯电动汽车内部和外部的动力电池组充电组件,并将其与传统内燃机车辆加油所需组件进行了比较。

项目 5　新能源汽车充电技术

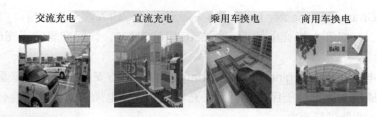

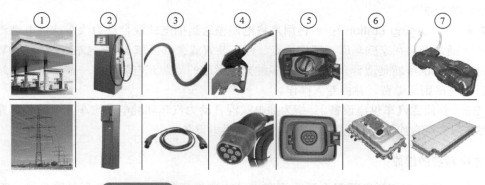

图 5-1-2　不同类型的插电式混合动力汽车与纯电动汽车充换电方式

图 5-1-3　用于车辆加油和动力电池组充电的组件

- 不允许同时进行加油和高电压蓄电池充电两项作业操作!
- 插有充电电缆时不要加油,要与易燃物品保持安全距离,否则未按规定插入或拔出充电电缆时,存在因燃油燃烧等原因导致人员受伤或物品受损的危险。
- 车辆连接交流电压网络充电时,不允许进行与高电压系统有关的任何操作。
- 在充电过程中,为冷却车载充电器可能会自动接通电动水泵和电子风扇。因此在车辆上接有充电电缆的情况下,不允许进行与电动驱动装置冷却系统和电子扇有关的作业。
- 只能由经过相应培训的电气专业人员进行有关充电电缆、电动车辆供电设备、家用插座或充电站方面的工作。

1.2　基本术语

交流充电(AC charging):指通过交流电对带充电系统的新能源汽车的动力电池组充电。进行交流充电时,车辆的车载充电器必须将交流电整流成直流电,并调节充电电压,使其符合动力电池组的要求。

直流充电(DC charging):指通过直流电对带充电系统的新能源汽车的动力电池组充电。进行直流充电时,直流电被输送到动力电池组,由充电站来调整动力电池组的充电电压。

CCID(充电断路装置):被并入到一级充电电缆的内嵌设备,如果检测到车辆有漏电现象,则 CCID 会中断充电电缆和车辆之间的电流。

充电器(Charger):指将电气设备或其他电能供应设备输出的交流电,转变成直流充电电流的设备。车载充电器安装在车辆上,而非车载充电器则是 EVSE 的一部分。

充电插头（Charge connector）：充电插头即充电枪，插入汽车充电端口对动力电池组充电。在北美地区，一级和二级充电插头遵循 SAE 标准 J1772，该标准规定了充电插头的形状、电路和通信协议。

充电口或充电插口（Charging port 或 Charge inlet）：指安装在电动汽车及插电式混合动力汽车上的电气插座，通常位于保护盖后面。充电端口或充电插口的技术标准必须与插入车辆的充电插头一致，才能进行充电。

充电电缆（Charging cable）：一级交流充电的便携式充电装置，其一端插入车辆，另一端插入 220V 墙壁插座。

充电桩（Charging station）：一种用来将电能输送到插电式混合动力汽车或纯电动汽车的固定设备（通常安装在家庭车库、工作地点、停车装置或公共区域）。充电站可能如 220V 电气插座那样简单，也可能是适合多种车型、多种充电标准的复杂充电装置。一些公共充电站可免费使用，而有些则需缴费，并由专人操作。

EVSE（新能源汽车供电设备）：指为插电式混合动力汽车和纯电动汽车充电的外部充电设备。EVSE 包含所有连接交流电源且带充电插头的供电设备。

2. 充电系统的组成

对于纯电动汽车和插电式混合动力汽车，动力电池组的充电系统是不可缺少的子系统之一，它的功能是将电网的电能转化为车载动力电池组的电能，并在动力电池组充满后自动停止充电。动力电池组充电系统主要由新能源汽车供电设备（EVSE）和车载充电部件两大部分组成。

2.1 新能源汽车供电设备（EVSE）

车辆之外的充电部件通常称为电动汽车供电设备（EVSE）。大多数插电式混合动力汽车和纯电动汽车在设计时就已经考虑到与标准电动汽车供电设备进行对接。也有少数汽车厂家采用专有 EVSE 充电标准。充电系统外部设备包括以下部件：

- 便携式充电电缆及其充电插头（一级交流充电）。
- 配有充电电缆的充电桩（二级交流充电）。
- 可插入汽车充电插口的充电插头（所有充电方式，将在任务 2 中详细介绍）。

（1）便携式充电电缆及其充电插头

便携式充电电缆就是一条充电线，像手机一样，只要带着这根线，任何有普通电源插口的地方都可以充电。其体积和质量均较小，因此使用非常方便，如图 5-1-4 所示。

图 5-1-4　比亚迪 e5 便携式充电电缆及其充电插头

项目5 新能源汽车充电技术

便携式充电电缆及其充电插头包括以下组件：
- 不同国家规格插头，用于带保护触点的普通家用插座。
- 不同国家规格插头与"集成式电缆箱"之间的电缆连接。
- "集成式电缆箱"用于将普通家用插座3孔插头转换成可连接车辆的充电枪装置。
- "集成式电缆箱"与连接车辆接口的充电枪之间的电缆连接。
- 用于车辆接口的充电枪。

便携式充电电缆及其充电插头是交流电压网络与车辆直流高电压车载网络之间的电气连接设备。将交流电压网络连接到带保护触点的普通家用插座上（不带车载充电器）。比亚迪e5使用的这种便携式充电电缆及其充电插头，针对车辆充电接口始终采用单相设计。插头的设计原理可确保其首先与保护触点连接。通过搭铁线使车辆搭铁。可将便携式充电电缆及其充电插头放在行李箱内。由于需要使用普通家用插座将便携式充电电缆及其充电插头连接到交流电压网络上，限制了最大充电电流强度。

交流电压网络电压为110~240V，通过单相方式传输至车辆。交流电压网络的理论最大充电功率 $P_{max}=U_{max}I_{max}$=7.7kW。在德国，针对交流电压网络提供的相关产品型号可使用最大16A的电流或最大3.7kW的充电功率，属于车载慢充系统，该系统需要提升低压转高压的转化效率。虽然插电式混合动力汽车与纯电动汽车的动力电池组也可通过制动能量回收进行部分充电，但当插电式混合动力汽车和纯电动汽车与本地电能供应公司的交流电压网络连接时，会进行"正常"充电过程。此时，从交流电压网络获取能量，并传输至插电式混合动力汽车与纯电动汽车的直流高电压车载网络中。

3.7kW交流充电在很多国家均为标准配置。这种充电方式的优势在于，动力电池组充电时可将充电电缆连接到任何带有保护触点的普通家用插座上。但这样会使充电电流强度限制为低于16A。例如在德国通过交流电压网络供电时，最大充电功率为3680W（$U \times I$= 230V × 16A）。从纯粹的计算角度来说，使之前完全放电的插电式混合动力汽车及纯电动汽车的动力电池组重新充满电大约需要持续7h。为减少最大充电功率使用时间，不允许以最大充电电流充电，因此实际充电持续时间更长。

需要注意的是，使用家用插座为新能源汽车充电时，也需要考虑插座及线路的承受能力，如果采用一些劣质插座，则可能导致充电插座烧毁、线路烧熔等安全事故。

操作和使用便携式充电电缆时，必须参考相关制造商的使用说明。不允许相关维修站点人员对便携式充电电缆及其充电插头进行保养或维修。便携式充电电缆及其充电插头损坏或故障时应联系制造商。

（2）固定充电桩

插电式混合动力汽车与纯电动汽车供电设备型号根据尺寸和电气要求必须以固定方式安装，例如用户屋内或车库内，在公共场所，例如停车场，也可设立充电桩。固定安装式充电桩设备（简称充电桩）分为交流电充电桩和直流电充电桩。

只能由经过相应培训的电气专业人员进行固定安装式充电桩的安装、保养和维修。

交流电充电桩可通过2相（美国）或3相（德国）方式将交流电充电桩连接至交流电压网络，但始终通过单相方式与新能源汽车充电接口连接。在我国，固定安装式交流电充电桩包括落地式和挂壁式两种，如图5-1-5所示。与便携式充电电缆及其充电插头不同，在此最大电流强度可为32A，最大充电功率可为7.4kW。这些最大值由安装场地电气所用导线横截面积决定。进行安装时，电气专业人员根据导线横截面积进行充电桩配置，从而确保通过控制信号可将相应最大电流强度传输至车辆。

a) 落地式充电桩　　　　　　b) 挂壁式充电桩

图 5-1-5　交流充电桩

在美国，充电电缆与交流电充电站之间不允许使用插接件，因此客户无法断开充电电缆与交流电充电站的连接。

直流电充电桩是固定安装式充电桩的另一种形式，如图5-1-6所示。与交流电充电桩不同，在直流电充电桩内已将交流电压转化为直流电压。因此，在新能源汽车上无须通过车载充电器将

图 5-1-6　直流充电桩

交流电压转化为直流电压。直流电充电桩通常可提供远高于交流电充电桩的充电功率。因此，通过直流电充电桩可更迅速地为动力电池组充电。

2.2 车载充电部件

一般而言，带充电系统的新能源汽车会有几个与外部充电设备相搭配的车载充电部件：

- 将交流电整流成直流电的充电器（交流充电方式）。
- 车载充电接口和充电控制系统。

（1）充电器

充电器指将电网提供的交/直流电转化为车载动力电池组所需的直流电的装置（即 AC/DC 转换器）。纯电动汽车和插电式混合动力汽车的充电器分为车载充电器（安装在车内）和非车载充电器（安装在充电桩内）两种。

车载充电器指将 AC/DC 转换器安装在插电式混合动力汽车或纯电动汽车上，采用地面交流电网或车载电源对动力电池组进行充电的装置。车载充电器通常使用结构简单、控制方便的接触式充电器，也可称为感应充电器。其充电方式包括家用普通插座充电和充电桩充电两种。图 5-1-7 所示为北汽 EV160 车载充电器。为便于统一管理和数据交换，比亚迪 e5 的车载充电器已经与其他高压组件做成一个四合一的整体。车载充电器负责与交流电网建立连接并满足车辆充电的安全要求，此外还通过控制导线与车辆建立通信。这样可以安全启动充电过程并在车辆与车载充电器之间交换充电参数（例如最大电流强度）。

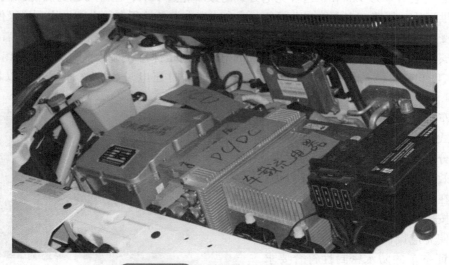

图 5-1-7　北汽 EV160 车载充电器

非车载充电器指将 AC/DC 转换器安装在地面充电装置内，主要包括专用充电机、专用充电站、通用充电机、公共场所充电站等，它充电速度快，但价格昂贵。

非车载充电器根据充电时的能量转换方式可分为接触式和感应式。通过充电设备直接连接到车辆充电接口的都属于接触式。感应式充电是利用高频交流磁场的变压器原理，在车内产生感应电流，以达到给动力电池组充电的目的，如图 5-1-8 所示。

相对于传统充电设备，感应充电系统的优势在于充电设施与动力电池组之间不需要电缆连接。感应充电系统包含两个部分：安装于车辆底部的二次绕组，安装在充电车位地面上的一次绕组。独特的绕组排列设计，实现了系统的小型化和轻量化，以及感应磁场在三维空间

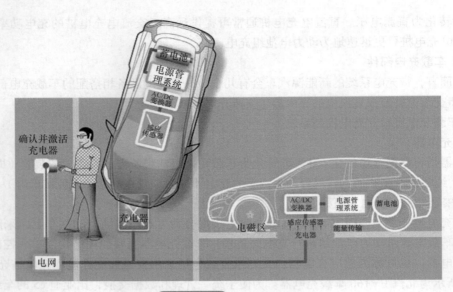

图 5-1-8　感应式充电

的有效分布。电能通过绕组之间形成的交变磁场输送至车辆，不需要任何触点或电缆连接，目前可实现的充电功率为 3.6kW。这种充电方式的效率超过 90%，已经可以为新能源汽车的动力电池组提供高效、便捷、安全的充电服务。感应式充电设备的所有导电部件均有绝缘保护措施，其使用不受天气条件的制约，即使是雨雪天气也不会对供电产生负面影响，这意味着一次绕组甚至可以安装在室外。在充电过程中，系统的电磁辐射也保持在最低水平。一次绕组和二次绕组之间的工作空间被持续监测，检测到有异物进入时充电过程会立即中止，以保证用电安全。

（2）车载充电接口

插电式混合动力汽车与纯电动汽车车载充电可分为快充和慢充两种。为保证充电快速高效，要使用特定的充电接口进行充电，像在传统车辆上必须打开燃油箱盖一样，需按压充电接口盖或操作遥控钥匙开锁按钮使充电接口盖开锁。此外，充电时需要保证整车的防水密封性符合要求，通过另一个端盖防止真正的充电接口受潮和弄脏，如图 5-1-9 所示。保证车载充电接口能够承受存在瞬时大电流的充电过程。

图 5-1-9　充电口防潮保护装置

车载充电接口一般设置在车辆的侧部（原加油口位置）或前部（车标后面），不同厂家的设置方式存在一定差异。比亚迪 e5 的车载充电接口安装在车标后面，如图 5-1-10 所示，左侧插孔为交流充电接口，右侧插孔为直流充电接口。

对于可操作遥控钥匙开锁按钮打开充电接口盖的插电式混合动力汽车与纯电动汽车而言，通过弹簧操纵的锁钩使充电接口盖保持关闭状态。该锁钩是充电接口盖中控锁传动装置的组成部分，如图 5-1-11 所示，通过一个电动机使充电接口盖开锁或上锁。

项目 5　新能源汽车充电技术

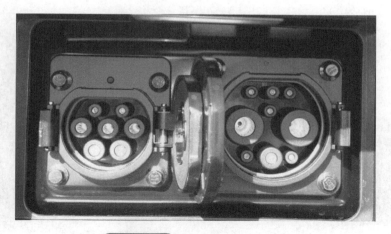

图 5-1-10　比亚迪 e5 充电接口

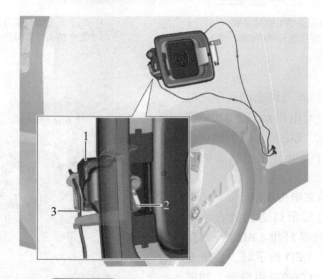

图 5-1-11　宝马 i3 充电接口盖锁止组件

1—用于锁止充电接口盖的电动机　2—锁止钩
3—用于充电接口盖应急开锁的拉线

　　与锁止充电接口盖类似，通过一个电控锁钩来锁止充电插头，如图 5-1-12 所示。电气锁止充电插头可防止充电期间拔出充电插头时产生电弧。

　　启用车辆锁止功能时充电插头锁止。只要有充电电流，电气锁止功能就会一起启用。通过一个微型开关识别锁止状态。微型开关打开时，表示充电插头处于锁止状态。微型开关关闭时，表示充电插头处于中间位置或开锁状态。车辆开锁时也会以电气方式使充电插头开锁，从而结束正在进行的充电过程。打开充电接口盖的电气部件损坏时（例如上锁电动机失灵），可通过手动方式使充电接口盖或充电插头开锁，如图 5-1-13 所示。首先必须打开充电接口盖一侧的后车门，打开后车门时可看到下部区域有 2 个蓝色开关。需要打开充电接口盖时，必须拉动上方蓝色开关，拉动下方蓝色开关会使充电插头开锁。

171

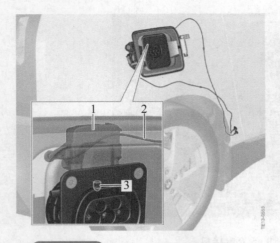

图 5-1-12　宝马 i3 充电插头锁止组件

1—用于锁止充电插头的电驱动装置
2—用于充电插头防潮保护盖应急开锁的拉线　3—锁钩

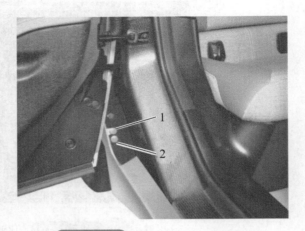

图 5-1-13　宝马 i3 应急开锁开关

1—用于充电接口盖应急开锁的开关
2—用于充电插头防潮保护盖应急开锁的开关

3. 充电指示灯

插电式混合动力汽车与纯电动汽车充电时可通过充电接口的充电指示灯、220V 家用充电集成式电缆箱、充电桩（机）用户操作界面或按钮指示灯等进行充电状态的识别。

3.1 充电接口的充电指示灯

充电接口的充电指示灯常见的有单个 LED 指示灯和 C 形光导纤维 LED 指示灯。奇瑞 S15EV 采用单个 LED 指示灯，位于充电接口下方，打开充电口盖就可看到，如图 5-1-14 所示。

充电状态指示灯闪烁方式见表 5-1-1。

图 5-1-14　充电状态指示灯

表 5-1-1　充电指示灯状态

序号	充电状态	指示灯状态
1	正在充电	红灯常亮
2	满电	绿灯常亮
3	充电暂停	黄灯常亮
4	故障	不亮

宝马公司的插电式混合动力车型与纯电动车型有一个 C 形光导纤维围绕在充电接口周围，用以显示充电状态，同时还用于充电接口的定向照明。充电接口定向照明的作用是插上和拔下充电电缆时为驾驶人提供方向引导。充电接口盖打开后，2 个 LED 灯就会发出白光，如图 5-1-15

所示。识别到正确插入充电插头后,系统会关闭定向照明装置并显示初始化状态。

正确插入充电插头后会立即开始初始化。初始化阶段最长持续 10s。期间,LED 灯发出橙色光,并以 1Hz 的频率闪烁,如图 5-1-16 所示。成功进行初始化后可开始为动力电池组充电。

图 5-1-15　定向照明状态指示灯(白光)

图 5-1-16　初始化状态指示灯(黄光)

LED 灯发出蓝色光并闪烁表示目前动力电池组正处于充电过程,如图 5-1-17 所示,闪烁频率约为 0.7Hz。如果初始化阶段已顺利完成,且当前不打算充电(例如设定夜间低谷时充电),则充电暂停或充电就绪。

充电结束时,LED 灯发出绿色光并持续亮起,表示动力电池组处于"已完全充电"状态,如图 5-1-18 所示。

图 5-1-17　正常充电状态指示灯(蓝光)

图 5-1-18　充电结束状态指示灯(绿光)

如果在充电过程中出现故障,则 LED 灯发出红色光并闪烁,如图 5-1-19 所示。此时,LED 灯的闪烁频率约为 0.5Hz,并连续闪烁三次,每三组间暂停约 0.8s。

3.2　家用充电集成式电缆箱指示灯

220V 家用充电集成式电缆箱指示灯功能,如图 5-1-20 所示。各指示灯状态的说明一般位于集成式电缆箱的背面。

3.3　充电桩/充电机指示灯

充电桩/充电机指示灯分为智能型和非智能型。智能型带有用户操作界面直接显示(例如比亚迪 100A 直流充电机)。充电时,蓝色充电指示灯不断闪烁,如图 5-1-21 所示。

图 5-1-19　充电故障状态指示灯(红光)

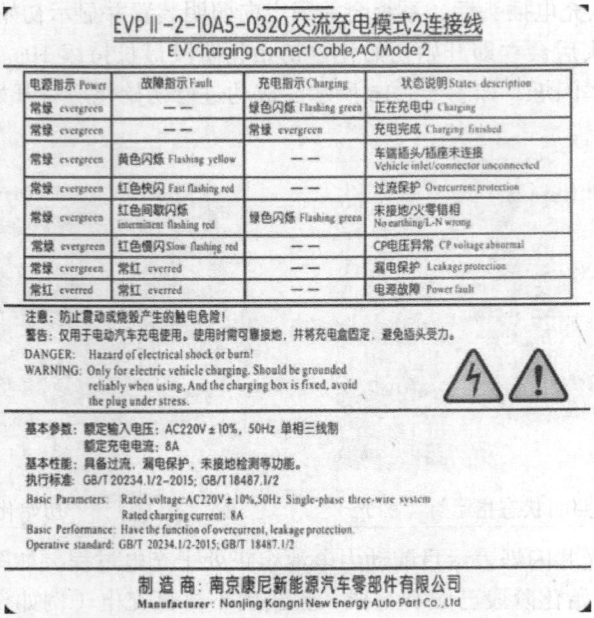

EVPⅡ-2-10A5-0320交流充电模式2连接线
E.V.Charging Connect Cable, AC Mode 2

电源指示 Power	故障指示 Fault	充电指示 Charging	状态说明 States description
常绿 evergreen	— —	绿色闪烁 Flashing green	正在充电中 Charging
常绿 evergreen	— —	常绿 evergreen	充电完成 Charging finished
常绿 evergreen	黄色闪烁 Flashing yellow	— —	车辆插头/插座未连接 Vehicle inlet/connector unconnected
常绿 evergreen	红色快闪 Fast flashing red	— —	过流保护 Overcurrent protection
常绿 evergreen	红色间歇闪烁 intermittent flashing red	绿色闪烁 Flashing green	未接地/火零错相 No earthing/L-N wrong
常绿 evergreen	红色慢闪 Slow flashing red	— —	CP电压异常 CP voltage abnormal
常绿 evergreen	常红 everred	— —	漏电保护 Leakage protection
常红 everred	常红 everred	— —	电源故障 Power fault

注意：防止震动或残损产生的触电危险！
警告：仅用于电动汽车充电使用。使用时需可靠接地，并将充电盒固定，避免插头受力。
DANGER: Hazard of electrical shock or burn!
WARNING: Only for electric vehicle charging. Should be grounded reliably when using. And the charging box is fixed, avoid the plug under stress.

基本参数：额定输入电压：AC220V±10%，50Hz 单相三线制
　　　　　额定充电电流：8A
基本性能：具备过流、漏电保护、未接地检测等功能。
执行标准：GB/T 20234.1/2-2015；GB/T 18487.1/2
Basic Parameters: Rated voltage: AC220V±10%, 50Hz Single-phase three-wire system
　　　　　　　　 Rated charging current: 8A
Basic Performance: Have the function of overcurrent, leakage protection.
Operative standard: GB/T 20234.1/2-2015; GB/T 18487.1/2

制 造 商：南京康尼新能源汽车零部件有限公司
Manufacturer: NanJing Kangni New Energy Auto Part Co.,Ltd

图 5-1-20　比亚迪家用充电集成式电缆箱指示灯功能说明

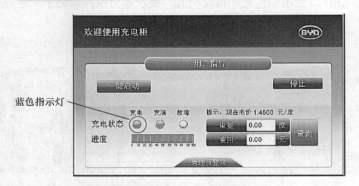

图 5-1-21　充电状态指示灯

车辆充满电时，充电机自动停止充电，此时粉色充满指示灯闪烁，如图 5-1-22 所示。

图 5-1-22　充满电状态指示灯

项目 5　新能源汽车充电技术

非智能型不带用户操作界面，只能通过按钮背景指示灯进行识别（例如比亚迪 30A 直流充电机）。连接正常后，向右拧开充电机侧面的急停旋钮，此时充电机柜处于待机状态，中间 LED 指示灯发红色光并闪烁；充电时，中间 LED 指示灯和启动/停止旋钮发绿色光；充满电时，充电机自动停止充电，中间 LED 指示灯发红色光并闪烁。如果充电过程中或启动充电时出现故障，则充电机中间 LED 指示灯发黄色光并闪烁，如图 5-1-23 所示。

图 5-1-23　充电机中间 LED 指示灯

4. 充电类型

充电是新能源汽车使用过程中必不可少的环节，充电快慢影响着新能源汽车使用者的出行规律。根据新能源汽车动力电池组的技术特性和使用性质，在国际标准 IEC61851-1 中（IEC 指国际电工委员会）规定了不同的充电类型。带充电系统的汽车可以根据电压、电流、充电插头标准、最大充电速率进行分类。主要有四种充电类型，表 5-1-2 汇总了各种充电类型的重要参数。

表 5-1-2　充电类型

充电方式	充电类型	额定电压电流	与车辆通信	充电插头连接
交流充电	一级交流充电	220V AC/16A	无	插座
	二级交流充电	220V AC/8~16A	通过充电电缆内的模块	插座
	三级交流充电	220V AC/16~63A	通过充电站内的模块	交流充电桩
直流充电	直流快速充电	380V AC/30~300A	通过充电站内的模块	非车载充电机（柜）

根据充电电流大小及充电方式，交流充电可分为三种充电类型，各厂家的不同模式对应不同的充电导线或不同颜色的插头。

4.1　一级交流充电（充电模式 1）

家用充电插座内不带控制导线和接近导线，一级交流充电（图 5-1-24）无法与车辆建立通信，充电时无法限制和确认最大电流强度，因此大部分厂家都不采用。

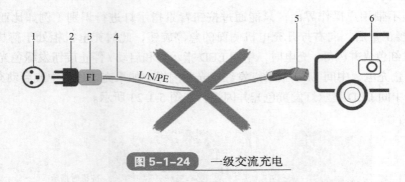

图 5-1-24 一级交流充电

1—普通家用插座　2—用于普通家用插座的插头　3—保护开关
4—充电电缆　5—充电插头　6—车辆上的充电接口

4.2 二级交流充电（充电模式2）

几乎所有插电式混合汽车和纯电动汽车都配有二级充电电缆，如图 5-1-25 所示，通常存放在车辆的行李箱内。这种充电线的一端有标准的 220V 墙壁式插座插头，另一端则是 J1772 充电插头。

高压继电器、控制电路及充电电路中断装置（CCID）都被集成到集成式电缆箱中。CCID 负责检测充电线在使用过程中是否存在漏电问题及其他故障，如果发现问题，则 CCID 会断开电路。

对许多带充电系统的新能源汽车而言，二级交流充电通常是附近没有更大充电站的情况下的备用解决方案。对于纯电动续驶里程相对短的插电式混合动力汽车来说，二级交流充电已能满足充电需求。

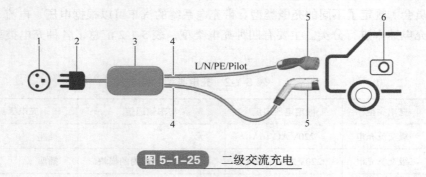

图 5-1-25 二级交流充电

1—普通家用插座　2—用于普通家用插座的插头　3—集成式电缆箱
4—充电电缆　5—充电插头（欧规和美规）　6—车辆上的充电接口

由于使用普通家用插座将集成式电缆箱连接到交流电压网络中，限制了最大充电电流强度。充电模式2适用范围非常广，可设置在公寓、公共停车场及公共充电站等可长时间停放车辆的地方。因充电时间较长，可满足白天运行，晚上静置的车辆的充电需求。

操作和使用二级交流充电的充电电缆时,必须参考相关制造商的使用说明。不允许维修站点人员对充电电缆或集成式电缆箱进行保养或维修工作。充电电缆或集成式电缆箱损坏或故障时应联系制造商。

4.3 三级交流充电(充电模式3)

通过充电站或充电桩进行交流充电时,一般采用三级交流充电,如图5-1-26所示。

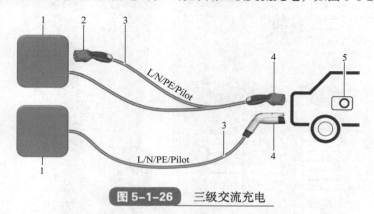

图 5-1-26　三级交流充电

1—充电站或充电桩　2—充电插头(欧规)　3—充电电缆
4—用于连接车辆的充电插头(欧规和美规)　5—车辆上的充电接口

通过一个充电站/充电桩连接到交流电压网络,适用的充电电缆仅在充电站/充电桩与车辆充电接口之间形成电气连接,如图5-1-27所示。

图 5-1-27　用于连接充电站/充电桩的充电电缆

1—用于连接充电站/充电桩的插头　2—充电电缆　3—用于连接车辆的插头

三级交流充电电流范围很大,这取决于车辆动力电池的额定充电电流,以及充电站的额定充电电流。虽然三级交流充电设备的交流充电标准高达80A,但许多三级交流充电站额定充电电流仅为16~32A,甚至更低。大多数电动汽车可通过三级交流充电站在8h内完全充满电,这让三级充电站成为住宅和工作场所的理想充电选择。

4.4 直流快速充电(充电模式4)

直流快充指专门为插电式混合动力汽车和纯电动汽车的动力电池组进行快速充电的充电方

式，能在30min内将SOC（荷电状态，即剩余电量）从10%提高到80%，如图5-1-28所示，因此也称应急充电或快速充电模式。但要使用这种类型的充电方式，动力电池组要能承受大电流充电，电流和电压一般在150~400A和200~750V，充电功率大于50kW。这种方式多为直流供电方式，地面的充电机功率大，输出电流和电压变化范围大。

图 5-1-28　直流快速充电

直流充电不使用车辆的车载充电器控制充电电压和电流，而是由充电桩直接控制。相比交流充电，直流快充通常需要在车辆和充电桩之间进行额外的通信。目前，大多数插电式混合动力汽车和纯电动汽车的动力电池组不适合快速充电。部分制造商认为频繁的直流充电操作会降低动力电池的容量。

虽然快速充电的充电速度非常高，其充电时间接近内燃机汽车加油的时间，但充电设备的安装要求和成本也非常高，且快速充电的电流电压较高，短时间内对动力电池的冲击较大，容易令动力电池的活性物质脱落并使其发热，因此对动力电池散热方面的要求更高，并不是每型新能源汽车都可快速充电。

快速充电不可避免地会给动力电池带来伤害，因为现阶段大多数快速充电都采用脉冲充电方式。脉冲快速充电指充电过程中反复放电、充电。首先，给动力电池组用0.8~1倍额定值的大电流进行定流充电，使动力电池在短时间内充至额定容量的50%~60%。接着，由电路控制停止充电25~40ms，再放电或反充电，使动力电池通过一个较大的反向脉冲电流，然后停止充电。此后的充电都按照正脉冲充电-前停充-负脉冲瞬间放电-后停充-正脉冲充电的顺序循环，直至充满。

脉冲快速充电的最大优点是使充电时间大为缩短，且可适当增加动力电池容量，提高起动性能。但脉冲充电电流较大，对极板活性物质的冲刷力强，使活性物质易脱落，因此对动力电池组的寿命有一定影响。

四、任务实施

1. 任务准备

安全防护：做好车辆高压安全防护与隔离。
工具设备：交直流充电桩、各种充电插头、绝缘防护用品、绝缘工具套装。
台架车辆：交流充电桩实训台（行云新能 INW-EV-C5）、比亚迪 e5 教学版整车。
辅助资料：充电桩使用手册、教材。

2. 实施步骤

2.1 常规 220V 家用设备充电

采用随车配备的便携式充电电缆及充电插头进行充电，可使用家用电源，如图 5-1-29 所示。充电电流一般为 8~16A，电流可为两相交流电或三相交流电，根据动力电池组容量大小，充电时间为 5~8h。

图 5-1-29　比亚迪家用插座充电设备

新能源汽车多采用 16A 插头的电源线，配合合适的插座和车载充电器，即可在家中为纯电动汽车与插电式混合动力汽车充电。值得注意的是，一般家用插座为 10A，16A 插头并不适用，如图 5-1-30 所示，需要用电热水器或空调的插座。电源线上的插头会标明 10A 或 16A。

图 5-1-30　家用充电插头和插座

① 插有充电电缆时不要加油，与易燃物品保持安全距离。未按规定插入或拔出充电电缆时存在因燃油燃烧等原因导致人员受伤或物品损坏的危险。

② 通过家用插座为高电压蓄电池充电会导致插座上出现较高持续负荷，因此必须注意以下事项：

- 不要使用适配器或延长电缆。
- 充电后首先拔出车上的充电插头，再拔出墙上的充电插头。
- 不要将充电插头插在损坏的插座上。
- 不要使用损坏的充电电缆。
- 为高电压蓄电池充电时，充电插头和充电电缆可能会变热。如果过热，则应立即终止充电并让电气专业人员进行检查。
- 反复出现充电故障或中断情况时，联系具有资质的维修人员。
- 仅使用防潮和防侵蚀的插座。
- 不要用手指或物体接触插头触点区域。
- 切勿自行维修或改装充电电缆。
- 进行清洁前将电缆两侧均拔出，不要浸入液体内。
- 充电期间不允许洗车。
- 仅在经过电气专业人员检查的插座上进行充电。
- 在不了解的基础设施/插座上充电时，遵守用户手册内的特殊说明。

常规 220V 家用设备充电时间较长，但对充电条件要求不高，充电器和安装成本较低，可充分利用电力低谷时段充电，降低充电成本。更重要的是，可对动力电池深度充电，提升动力电池充放电效率，延长使用寿命。

2.2 公共充电桩充电

在充电站还没有全面普及的情况下，公共充电桩很大程度上解决了纯电动汽车和插电式混合动力汽车在公共场合充电难的问题。

公共充电桩用于加油站、住宅小区电动汽车充电状态的人机对话，分为交流充电桩和直流充电桩两种。根据用户需求提供触摸液晶屏或数码管显示的高端及简易型智能充电桩，分为计时充电和计电度量充电两种方式。该系统主要包括 3 个功能模块，分别为充电流程、异常处理流程和系统管理模块。本任务只学习充电流程，即实现整个充电过程的刷卡、充电，终止充电、返还金额、打印票据等，以及这些操作之间的联系。

（1）交流充电桩充电

科陆 CL5430A 壁挂式交流充电桩是一种为电动汽车充电的设备，该设备为电动汽车提供交流充电电源，且具有电能计量和计费功能，通过刷卡的方式对充电用户收取费用，操作极其简便。它可通过多种通信模式与监控主站交互信息，实现远程管理。壁挂式充电桩适用于对电动汽车充电速度要求不高、占地面积要求较小、成本较低、操作简单与安全的基本充电应用场合，如公共停车场、生活小区和商场停车场等。具体使用步骤如下：

1)默认界面:充电桩正常开机后,检测无故障,显示界面如图 5-1-31 所示,如果用户想充电,则直接插入充电枪。

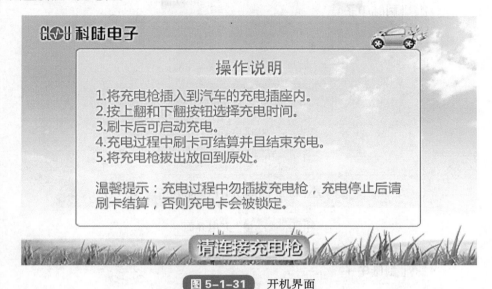

图 5-1-31 开机界面

2)刷卡界面:充电桩检测到充电枪已连接后,蓝色连接灯点亮,显示屏界面如图 5-1-32 所示。在此界面,用户可点击"上翻"及"下翻"按钮,选择所需充电模式,刷卡直接启动充电。

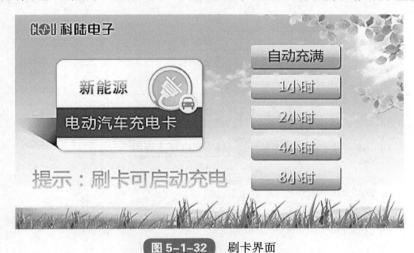

图 5-1-32 刷卡界面

3)充电界面:此时充电黄灯点亮,充电过程中会显示电压、电流及电量等充电信息,如图 5-1-33 所示。此状态下,用户可通过刷卡结束充电。若充电已经停止,但用户并未进行刷卡结算,则充电桩切换到充电停止界面。

4)充电停止界面:如图 5-1-34 所示,在此界面时,充电已经停止,用户需要刷卡进行结算。此界面会显示此次充电的消费信息,用户刷卡结算后,切换到结算界面。

5)结算界面:结算界面显示用户此次的消费信息,包括充电电量、消费金额、卡内余额等信息。此界面显示约 30s 后返回,用户也可通过点击确定或返回按钮直接返回到默认界面,此时可进行下一次充电,如图 5-1-35 所示。

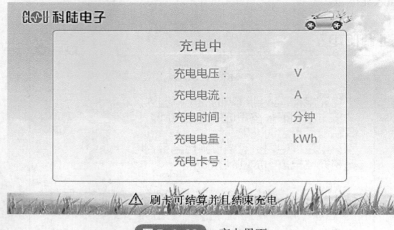

图 5-1-33　充电界面

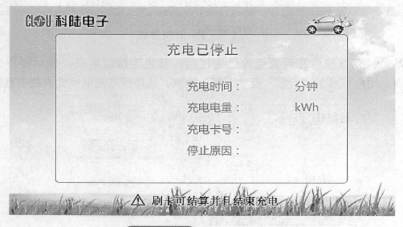

图 5-1-34　充电停止界面

图 5-1-35　结算界面

6）故障界面：如果充电桩发生故障，则切换到故障界面，且红色指示灯点亮。故障界面会显示故障信息，如图 5-1-36 所示。

图 5-1-36　故障界面

7）维护界面：维护界面会显示充电桩的运行信息，此界面只针对维护人员开放，如图 5-1-37 所示。

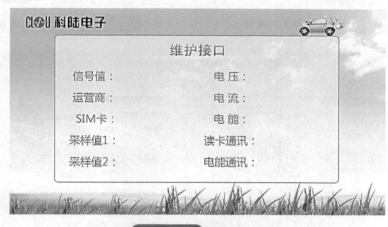

图 5-1-37　维护界面

（2）直流充电桩充电

科陆 CL5810 系列一体式直流充电桩，主要用于电动汽车直流快速充电，该产品集功率变换、充电控制、人机交互控制、通信及计费计量等于一体，且具有良好的防尘、防水功能，防护等级达到 IP54，可在户外安全运营维护。充电桩的功率变换单元遵循模块化设计原则，可以灵活配置成 30~120kW 的功率输出模式，满足不同容量的动力电池充电需求，产品系列涵盖了单枪输出、双枪轮充输出、双枪功率分配输出等，是户外快速直流充电的最佳选择。

1）单枪操作过程。上电后的默认初始界面（图 5-1-38），点击"开始充电"，则跳转到下一界面。

点击开始充电后跳转到提示"请连接充电枪"界面，充电枪连接后则跳转到下一界面，可选择充电模式，如图 5-1-39 所示。

如果选择自动充满模式，则自动跳转到提示用户刷卡的界面（图 5-1-40），如果选择其他模式充电，则需要对该模式做简单设定。

图 5-1-41 列出了几种充电模式，分别是"时间模式""金额模式""电量模式""功率模式"，点击输入框可进行设置。

图 5-1-38　单枪初始界面

图 5-1-39　充电模式选择

图 5-1-40　刷卡启动自动充电

图 5-1-41　不同充电模式的设置

刷卡后进入充电状态，会有简单的充电信息在界面上显示，如图 5-1-42 所示。

图 5-1-42　充电中

自动充电结束后的界面状态，有简单的提示信息界面 1，刷卡后跳到界面 2，如图 5-1-43 所示。如果直接刷卡结束，则直接显示界面 2。

图 5-1-43　自动充电结束后的界面状态

充电开始前，可点击显示屏左上方的"科陆电子"图标，进行简单的参数配置，如图 5-1-44 所示。

图 5-1-44　简单的参数配置

2）双枪操作过程。上电后的默认界面，液晶显示屏待机界面如图 5-1-45 所示。此时，如果 A、B 的状态都显示"正常，请连接充电枪"，则表示 A、B 口都可使用。

图 5-1-45　默认待机界面

若用户要进行充电，则将充电枪 A 或充电枪 B 拔出并插入汽车充电插座内，待充电枪连接好后，液晶屏上对应的充电状态会显示"已经连接，请点击开始充电按钮"。点击"开始充电"，执行下一步，如图 5-1-46 所示。

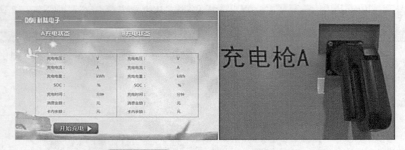

图 5-1-46　A 口充电枪已经连接好

此时上方的开始充电按钮可用，用户点击"开始充电"按钮后，界面提示用户进行刷卡（针对收费客户）或输入密码（非收费客户）操作。密码授权操作模式，点击界面提示区域，会有键盘弹出，在键盘中输入密码验证后，点击下方"启动充电"按钮开始充电。如果密码错误，则页面会提示"输入密码错误"的菜单，点击确定按钮后重新输入，如图 5-1-47 所示。如果在密码界面等待时间过长，则会切换回默认界面，需重新操作。

图 5-1-47　A 用户刷卡界面

启动充电时用户会听见"滴"声，液晶屏显示默认界面，点击"结束充电"，则充电过程结束。点击动力电池信息可查看动力电池信息和状态，如图 5-1-48 所示。

图 5-1-48　A 用户充电中，B 用户空闲

此状态下，如果另一个充电接口状态显示"正常，请连接充电枪"，则另一个接口也可使用，参照以上步骤可使用另一个充电枪充电。

如果有用户 A/B 进行刷卡结算，则暂时切换到对应结算信息界面，并在结算界面停留约 10s 后返回，此过程不影响另一个用户的充电活动，如图 5-1-49 所示。

图 5-1-49　A 用户结算信息

以上过程中均可点击显示屏左上角的图标，弹出输入密码界面，输入密码后进入菜单模式，如图 5-1-50 所示。

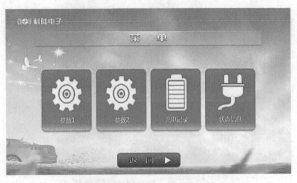

图 5-1-50　主菜单界面

点击"参数设置"时弹出如图 5-1-51 所示的界面。

图 5-1-51　参数设置界面

点击"充电记录"时弹出如图 5-1-52 所示的界面。

图 5-1-52　充电记录界面

点击"状态信息"时弹出如图 5-1-53 所示的界面。

图 5-1-53　实时状态信息界面

项目 5 新能源汽车充电技术

通过公共充电桩进行动力电池组充电时,应注意:
- 设备开通之前,请务必确认设备是否接地良好,以避免触电造成人员伤亡。
- 所有使用的工具其不必要裸露的金属部分应做好绝缘处理,以防裸露的金属部分触碰金属机架,造成短路。
- 在任何情况下切勿自行改装、加装和变更任何部件。
- 确保设备的使用寿命和运行稳定,设备的使用环境应尽可能地保持清洁、恒温和恒湿,设备不得在有挥发性气体或易燃环境下使用。
- 设备通电前请务必确认输入电压、频率、装置的断路器或熔丝及其他条件都已符合所订规格。
- 在充电过程中,不得强行拔出充电接头!强行拔出充电接头,可能引起接头处打火,造成安全事故!
- 若需提前停止充电,请按照充电"中止"步骤操作。
- 充电过程中若发生安全事故,如异常声响、电线短路等,请按下面板上紧急停止按钮,断开所有电源,并立刻与现场管理人员联系。

2.3 非车载厂家充电机充电

由于直流充电桩和充电站目前在国内城市并不普及,很多厂家都开发了非车载直流充电机。本任务以比亚迪为例进行介绍。

(1) BYD 100A 直流充电机的使用

图 5-1-54 所示是比亚迪 100A 直流充电机。将比亚迪车停好,整车断电,确保充电插头可插到车身充电接口处。打开车身充电接口的防护盖,并检查直流充电接口,确保充电接口无尘、无水、无杂物。

图 5-1-54 比亚迪 100A 直流充电机

按住充电插头上的轻触开关,将充电插头从充电机侧面的插座上取下,如图 5-1-55 所示。手持充电手柄,将充电插头对准充电接口,确保充电插头前端银色卡扣卡在充电接口凹槽内,如图 5-1-56 所示。

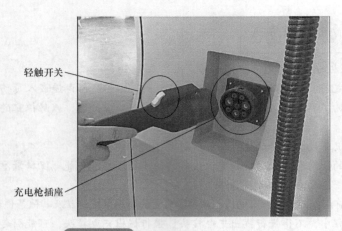

图 5-1-55　取下充电机上的充电插头

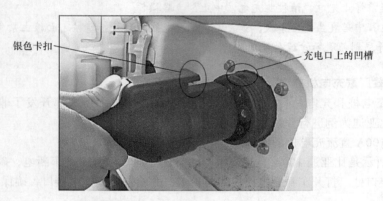

图 5-1-56　充电插头与车辆充电接口对准

用力将充电插头推入充电接口内，会听见"咔"一声响，轻触开关处于弹起状态。车辆仪表盘充电插座指示灯点亮表示连接好，如图 5-1-57 所示。

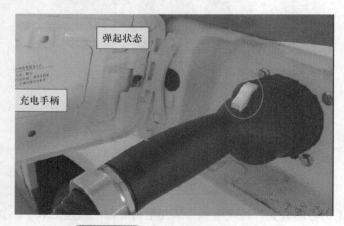

图 5-1-57　与车辆充电接口连接好

确保连接正常后，向右拧开充电机侧面的急停按钮，如图 5-1-58 所示。此时触摸屏进入开

项目5 新能源汽车充电技术

机状态,界面主要功能如图5-1-59所示。

待触摸屏进入"用户指导"界面时,点击屏幕左上方"一键启动"按键,充电机开始工作。如果在充电过程中需要停止充电,则点击触摸屏上的"停止"按键,使充电机停止工作。当车辆充满电时,充电机自动停止充电,最后按照与连接充电插头相反的步骤复原车辆和充电机插头。

(2)BYD 30A 直流充电机的使用

比亚迪30A直流充电机在满足纯电动汽车正常充电的前提下,拥有恒定的输出功率,适合家庭和小型商业用户使用。其使用方法和100A直流充电机类似,主要区别是没有用户操作界面,只通过侧面的3个按钮指示灯进行识别,如图5-1-60所示。充电机拥有限流功能,输出电流最大限定在30A。如果发现充电电流异常,则立即按下急停按钮停止充电,并联系厂家进行测试和维修。

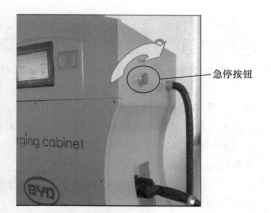

图 5-1-58 充电机侧面的急停按钮

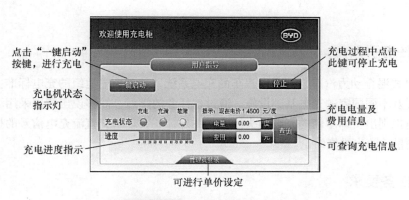

图 5-1-59 充电机功能示意

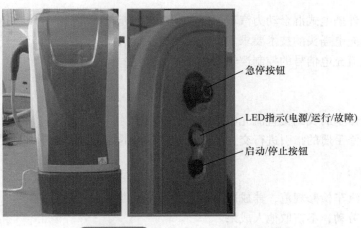

图 5-1-60 比亚迪30A直流充电机

通过非车载厂家充电机进行高电压蓄电池充电时,应注意:
- 充电时正确将充电插头与车辆连接,如果充电过程中出现故障,则按下停止按钮,清除故障,如果仍有故障信息则通知专业人员检查。
- 车辆有内部故障时禁止充电,断电后通知专业人员检查。
- 充电机在充电过程中有异常情况(无电流输出、有较大响声、有焦糊味等),立即按下急停按钮,并通知专业人员检查。
- 系统输入为380V交流电压,不要随意拔出电源输入线或擅自打开充电机的壳体,以免造成触电事故。
- 应认真阅读使用说明,并严格按照上述开机和关机步骤操作。

任务2 充电组件的技术要求与检修

一、任务引入

针对插电式混合动力汽车与纯电动汽车的充电系统,其动力电池组的充电标准主要取决于车辆的充电配置及不同国家的充电基础设施。通过本任务的学习,能够说出我国采用了哪几种充电标准,并快速识别出实训车辆的充电插头标准,此外,还要理解交直流充电信号的控制逻辑,并能进行信号测量并给出维修结论。

二、任务要求

知识要求:
- 熟悉国内外插电式混合动力汽车与纯电动汽车的充电标准。
- 熟悉不同充电插头的技术要求。
- 理解交直流充电信号的控制逻辑。

技能要求:
- 能通过维修手册找到交直流充电系统的针脚端子。
- 会根据维修手册的指引进行交直流充电系统信号的测量,并给出维修结论。

职业素养要求:
- 严格执行汽车检修规范,养成严谨科学的工作态度。
- 尊重他人劳动,不窃取他人成果。
- 养成总结训练过程的习惯,为下次训练积累经验。

项目 5　新能源汽车充电技术

- 养成团结协作精神。
- 严格执行 5S 现场管理。

三、相关知识

1. 不同国家充电设备的建设情况

目前，美国、日本、法国、英国、德国和加拿大等国都已经在其国内建成了大量的电动汽车充电设备，其中以充电桩为主。

美国加州的 BP（Better Place）公司已经在旧金山（图 5-2-1）和以色列境内建成了数千个充电桩和 15 个换电站，并在以色列积极推进动力电池租赁的换电模式。

图 5-2-1　美国路边充电桩

为实现真正的节能减排，而不是将汽车的排放转移到电厂，美国、日本等国正在尝试采用清洁能源为电动汽车充电。有些充电站装有太阳能发电系统和储能系统，能将太阳能发的电储存在设备中，如图 5-2-2 所示。

图 5-2-2　位于芝加哥的全球首座太阳能充电站

2010 年 3 月，日本宣布成立 CHAdeMO 协会，目的是推进充电设施、相关参数和接口的标

193

准化，以快速充电为主，如图 5-2-3 所示。目前，日本已建成 1000 多座充电站，并计划到 2020 年建成 5000 座充电站。

图 5-2-3　50kW 的快速充电站

巴黎是最早将清洁能源汽车引入公交系统的法国城市，其市区内有大量纯电动公交车参与运营，如图 5-2-4 所示。法国雷诺集团与法国电力公司签署协议，研发电动汽车与充电站的通信系统，法国政府和企业则在公共场所、超市和住宅区大量建设充电站，如图 5-2-5 所示。

图 5-2-4　巴黎电动公交车

图 5-2-5　巴黎市区充电站分布图

英国政府出资购买并安装了大量路边充电站，如图 5-2-6 所示，伦敦市区已经有 300 多个免费电动汽车充电站。

我国于 2004 年在北京建成了首个电动公交车充电站。2006 年，比亚迪建成深圳电动汽车充电站（图 5-2-7）。2008 年，我国建成国际上第一个集中式充换电站（图 5-2-8）。2010 年，上海规划了电动客车集中式充换电站。经过沟通，两大电网公司已经确立了"换电为主、插充为辅、集中充电、统一配送"

图 5-2-6　英国路边充电站

的主要模式，各地政府也开始大力推进换电站的建设。目前，国内较大规模的充换电站包括：北京84路充换电站、上海世博会充换电站、杭州古翠路充换电站。世界最大的电动公交车充换电站——青岛薛家岛充换电站也已经开始运行。

目前，国网充换电站的主要工作，交由其控股的许继集团进行，南网目前正在和美国BP公司合作建设换电站。

图5-2-7　比亚迪电动汽车充电站

图5-2-8　国际上第一个集中式充换电站

目前，我国充换电设施还存在以下问题：各地充电设备建设没有合理规划，对于车辆规划、电网规划、城市规划与充电站布局没有成熟的想法；充电方式难以确定，电网公司主推换电为主、动力电池租赁的方式，汽车企业主推充电方式，目前尚没有明确的方向；标准和协议不统一，目前，工信部、两大电网公司、国家能源局，均有与充放电相关的接口或通信标准，尚未建立相应的标准体系。在所有标准中，与整车设计关系最密切的是两方面标准：充电接口和通信协议。本任务重点关注已出台标准中与接口及通信协议相关的标准，并不涉及通用要求等标准。

2. 充电插头标准和技术要求

2.1　充电插头标准

为加速电动汽车市场化进程，降低开发成本，缩短开发周期，促进出口竞争，很多充电组件均采用标准化结构和功能。

目前主要标准有SAE（美国汽车工程师学会）标准和IEC（国际电工委员会）标准。我国暂时没有统一的标准出台。在欧洲国家，IEC 61851为相关适用标准。2012年2月21日，SAE发布了J1772"Combo"标准。我国完成了充电协议的PWM规范，遵循IEC标准。

（1）SAE J1772交流充电标准

几乎所有在北美地区使用的二级和三级充电插头都采用SAE J1772标准，即插电式混合动力汽车和纯电动汽车的传导充电标准，如图5-2-9所示。该标准包括了充电量、通信协议、电动汽车供电设备和电动汽车之间的电气接口等方面的标准定义。

J1772 充电插头至少使用 3 个高压端子：
- 交流电火线（L 线）
- 交流电零线（N 线）
- 交流电接地（PE 线）

J1772 充电插头使用 2 个低压通信终端：
- 导频信号（连接指示灯、充电状态、可用电流）
- 接近指示电路（连接指示灯、连接器闩锁状态）

（2）SAE J1772 直流充电标准

为适应直流充电，J1772 标准提供了一种选配的 Combo 充电插口，如图 5-2-10 所示。Combo 充电插口仅通过一个连接器就能进行交流和直流充电，其优点是低成本、快速、便利、可靠、体积小、带宽。Combo 充电插口附加了 2 个高压直流充电端子：
- 直流正极
- 直流负极

图 5-2-9　SAE J1772 交流充电标准

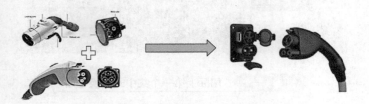

图 5-2-10　Combo 充电插口

修订后的 J1772-2012 标准规定，直流充电的充电电流为 80A（一级直流充电）或 200A（二级直流充电）。这种组合连接器于 2013 年底开始出现在某些插电式混合动力汽车或纯电动汽车上。例如，2014 款雪佛兰斯帕可电动版和大众高尔夫蓝擎便使用了 SAE J1772 标准的 Combo 充电插口。

（3）专用充电标准

有些制造商使用自己的充电标准。例如特斯拉打造的 Supercharger 快速充电站专用网络，如图 5-2-11 所示。这种充电站能为特斯拉 Model S 纯电动汽车提供高达 100kW 的充电功率，该车只需充电约 1h 就能行驶 150~300mile（241~482km）。然而，Supercharger 充电站只能为 Model S 纯电动汽车充电，不能为特斯拉早期车型充电。

2.2　充电插头的技术要求

所用充电插头都是标准化部件（IEC 62196-2），根据车辆配置和不同的标准使用不同充电接口。表 5-2-1 概括了最常见的插头形式。

图 5-2-11　Supercharger 快速充电站

项目 5　新能源汽车充电技术

表 5-2-1　常见的充电插头型号

充电方式	美国（型号 1）	欧洲（型号 2）
交流充电	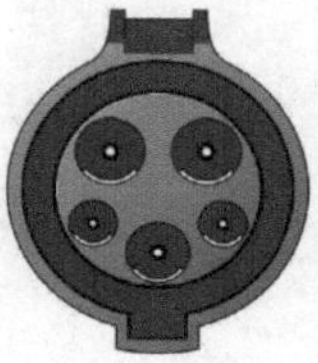 SAE J1772/IEC 62196–2	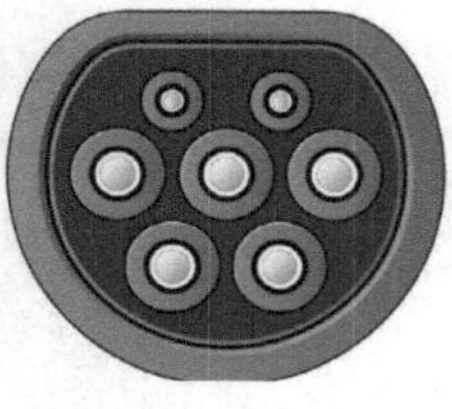 IEC 62196–2
Combo 充电插头（直流充电）	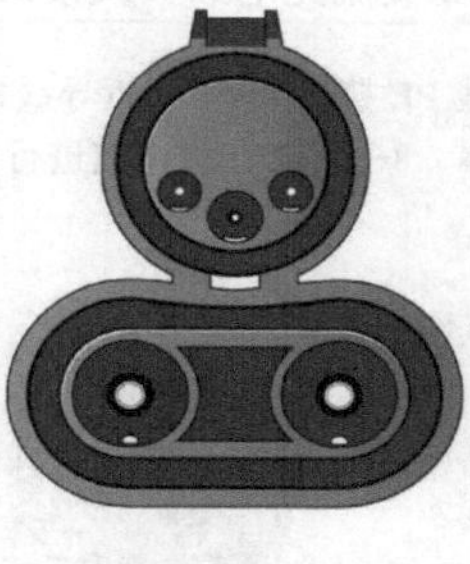 SAE J1772/IEC 62196–3 Combo 1	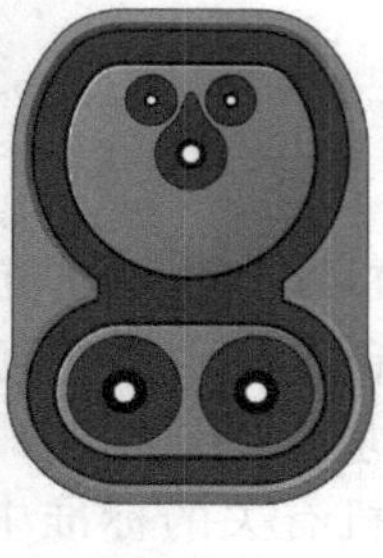 IEC 62196–3 Combo 2
交流充电	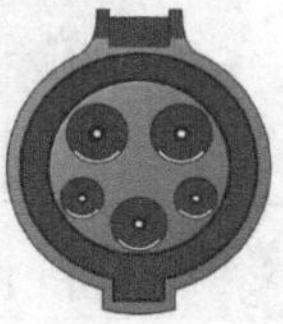 IEC 62196–2	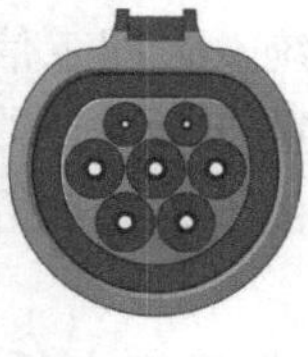 GB/T 20234.2—2015 交流充电接口
直流充电	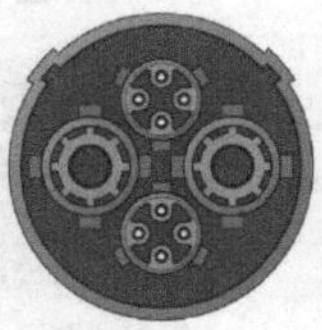 CHAdeMO/IEC 62196–3	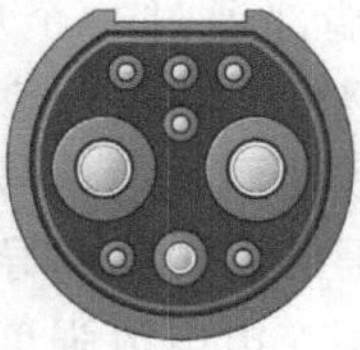 GB/T 20234.3—2015 直流充电接口

（1）SAE J1772 交流充电插头技术要求

美国、日本、韩国等国主要使用 SAE J1772 交流充电插头进行交流充电。用于 7.4 kW 交流充电和 3.7 kW 交流充电的充电电缆大多使用相同的插头连接车辆，插头区别仅在于根据充电电缆的电流承载能力，接近导线内的电阻大小不同。图 5-2-12 所示为该插头的结构和接口定义。

 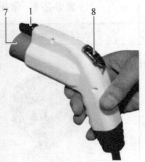

a) 与车辆接口侧面图　　　　b) 手柄侧面图

图 5-2-12 SAE J1772 交流充电插头及接口定义

1—机械锁止件　2—控制导线接口　3—地线 PE 接口　4—接近导线接口　5—相位 L 接口
6—零线 N 接口　7—机械导向件/插头壳体　8—用于在拔出前进行插头机械开锁的按钮

（2）IEC 62196-2 交流充电插头技术要求

欧洲和我国主要使用 IEC 62196-2 交流充电插头进行交流充电。在与交流充电，即车载充电机有关的标准中，国网的 Q/GDW 399-2009 仅规定了接口的定义、实现的功能，对于具体外形尺寸、控制电路并未说明。南网只有交流充电桩的标准。目前，交流充电的标准已经统一，即工信部的 QCT841-2010。因此本任务重点介绍 QCT 841-2010 中交流接口的部分。图 5-2-13 所示为该插头的结构和接口定义。

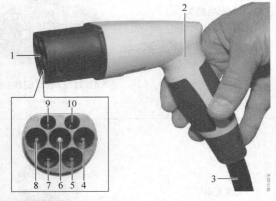

图 5-2-13 IEC 62196-2 交流充电插头及接口定义

1—机械导向件/插头壳体　2—手柄/插头壳体　3—导线
4—零线 N 接口　5—备用通信端子　6—搭铁线 PE 接口
7—备用通信端子　8—相位 L 接口
9—接近导线接口　10—控制导线接口

无论是美规充电插头还是欧规充电插头，都常用 5 个端子接口。相位 L 和零线 N 采用带有屏蔽层的高电压导线，连接 220V 高压电，端部通过一个扁平高电压插头连接 AC/DC 整流器的交流电接口。控制导线和限流导线使用普通信号导线，这些信号导线也带有屏蔽层。控制导线用于确定和传输最大的可用充电电流强度。通过接近导线可识别出将充电插头插入车辆充电接口内的充电电缆最大电流负载能力。在充电电缆插头内，限流接口与地线之间接有一个电阻。图 5-2-14 所示为家用 8A 充电插头机械开关锁止时的限流电阻。电阻值说明了所用充电电缆允许的最大电流强度（根据导线横截面积）。在 IEC 61851 中规定了电阻和电流强度

图 5-2-14 家用 8A 充电插头机械开关锁止时的限流电阻

项目 5 新能源汽车充电技术

的分配情况。地线在充电接口附近与车辆接地电气连接,通过这种方式保护接地。

（3）Combo 充电插头技术要求

Combo 充电插头是基于 IEC 62196 的,用于纯电动汽车和插电式混合动力汽车的充电插接系统,既支持交流充电也支持直流充电,主要包括一个车辆充电接口和一个充电插头（集成有 2 个分别用于交流充电和直流充电的充电插头）。这种通用插接系统只需要具备一个车辆充电接口便可实现不同的交流电和直流电充电方式。在此分为用于美国市场的型号 Combo 1 接口（图 5-2-15）和用于欧洲市场的型号 Combo 2 接口（图 5-2-16）。这两种型号的直流电接口触点相同。与交流充电相比,直流充电触点尺寸较大,可实现最大 200A 的充电电流,因此可在途中进行快速充电。

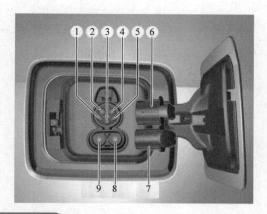

图 5-2-15　交直流充电插头接口（美规 Combo 1）　　图 5-2-16　交直流充电插头接口（欧规 Combo 2）

1—接近导线接口　2—相位 L 接口　3—地线 PE 接口　　　1—相位 L 接口　2—接近导线接口　3—地线 PE 接口
4—零线 N 接口　5—控制导线接口　　　　　　　　　　　4—控制导线接口　5—零线 N 接口　6、9—未使用
6—交流电充电插孔保护帽　7—直流电充电插孔保护帽　　7—直流电负极导线接口　8—直流电正极导线接口
8—直流电负极导线接口　9—直流电正极导线接口

用于 Combo 充电的车辆充电接口（Combo 1 和 Combo 2）包括上述用于交流充电的插孔（型号 1 和型号 2）及用于直流充电的插孔。这种充电接口的优点是,客户既可使用交流充电站,也可使用直流充电站进行高电压蓄电池充电。进行直流充电时,充电期间断开充电插头会产生电弧。为避免这种情况,充电期间以电动机械方式锁止充电插头。充电插头上的人机工程学造形手柄及较小的插入力和拉力,确保用手便可实现舒适插头操作。

（4）我国直流充电插头的技术要求

目前,与直流充电接口相关的标准有工信部、国家电网和南方电网 3 个标准,尚未完全统一。3 个通信协议均将充放电过程划分为握手阶段、配置阶段、充电阶段和充电结束阶段,对于充电机与 BMS 的地址分配也是一样的,但 3 个标准的起草单位均没有重叠,因此协议中报文的具体格式并不相同。3 个标准均遵循 CAN2.0B 协议的内容,推荐传输速率为 250kbit/s,均推荐使用独立的 CAN 总线接口。负电流值代表充电,正电流值代表放电,图 5-2-17 所示为该插头的结构和接口定义。

出于安全考虑,在充电接口连接过程中,端子连接顺序为:保护接地、直流电源正极与直流电源负极、低压辅助电源正极与低压辅助电源负极、充电通信、充电确认。脱开过程顺序相反。新能源汽车的车辆控制装置能通过测量检查点的峰值电压判断充电插头与充电接口是否充分连接。

（5）CHAdeMO 充电插头技术要求

CHAdeMO 是一种直流充电标准，主要在日本使用。CHAdeMO 是 CHArge de Move 的缩写，意为 Charge for Moving（移动充电）。目前，欧洲和美国的充电站也可进行符合 CHAdeMo 要求的快速充电。采用这种方式时，充电电压在 300~600V 内变化，电流强度最高可达 200A，因此充电功率约为 60kW。用于直流充电的充电接口位于车辆右侧后部。图 5-2-18 所示为该插头的结构和接口定义。

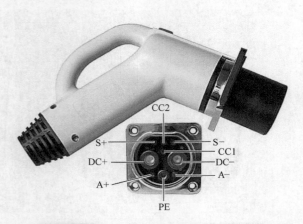

图 5-2-17 直流充电插头接口（我国标准）

S+—通信 CAN-H   S-—通信 CAN-L
CC1—充电连接确认 1   CC2—充电连接确认 2
DC+—直流电正极导线接口   DC-—直流电负极导线接口
PE—地线接口   A+—低压辅助电源+   A-—低压辅助电源-

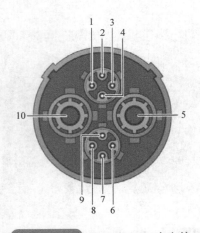

图 5-2-18 CHAdeMO 充电接口

1—用于绝缘监控的参考电位
2—直流电接触器 1 供电   3—未使用
4—授权充电   5—直流电负极导线接口
6—直流电接触器 2 供电
7—接地线接口   8—CAN（高电平）
9—CAN（低电平）   10—直流电正极导线接口

四、任务实施

1. 任务准备

安全防护：做好车辆高压安全防护与隔离。
工具设备：交直流充电桩、各种充电插头、绝缘防护用品、绝缘工具套装。
台架车辆：交流充电桩实训台（行云新能 INW-EV-C5）、比亚迪 e5 教学版整车。
辅助资料：维修手册、电路图、教材。

2. 实施步骤

为最大限度地兼容各类充电方式，比亚迪 e5 充电系统同时拥有交流充电和直流充电两个分系统。交流充电通过交流充电桩、壁挂式充电盒及便携式充电枪接入交流充电口，通过高压电控总成中的VTOG或OBC将交流电转换为650V直流高压电，再经过高压电控总成中的高压配电箱给动力电池充电。直流充电时，通过直流充电柜将直流高压电接入直流充电口，通过高压电控总成的升降压模块升压后，再经过高压电控总成中的高压配电箱或直接经高压电控总成中的高压配电箱给动力电池充电。

2.1 比亚迪e5交流充电信号的检测

（1）交流充电口总成

功用：车载充电机（VTOG或OBC）通过交流充电口与交流充电枪连接后，实现与交流供电设备的连通，并最终实现交流充电。

结构：除有与充电枪对接的7芯（L1、L2、L3、N、PE、CC、CP）外，还在交流充电口上配装了温度传感器和电锁机构，如图5-2-19所示。

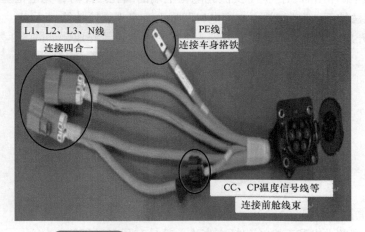

图5-2-19　比亚迪e5交流充电口及高压导线

温度传感器用来监测交流充电过程中充电口的温升情况。在监测到温度较高时，VTOG会根据具体温度限制充电功率甚至禁止充电，防止出现充电严重发热情况。

（2）交流充电枪总成

车辆在不带充电枪的交流充电桩上充电时使用交流充电枪总成，其额定功率为7kW，CC与PE之间的阻值为220Ω，如图5-2-20所示。

图5-2-20　交流充电枪

电锁功能即锁车后，交流充电枪被锁在充电口上，无法拔下。只有在车辆解锁后才能解除电锁，拔下交流充电枪，因此俗称"充电枪防盗"，结构如图5-2-21所示。

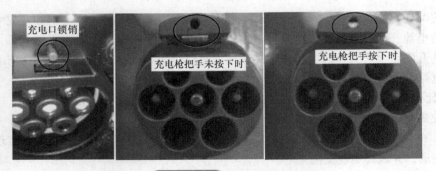

图 5-2-21　电锁结构

充电口上的锁销伸出时，占据了交流充电枪上端的圆孔。此时，充电枪上的锁扣无法缩回（即充电枪把手无法按下），锁扣就卡在充电口凹槽上，实现锁枪功能。

电锁功能的开启与关闭，可通过组合仪表上的个性化设置完成，如图 5-2-22 所示。

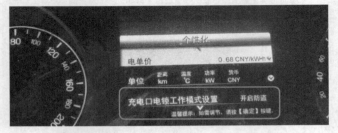

图 5-2-22　电锁开闭功能个性化设置

（3）交流充电控制流程

比亚迪 e5 车型的上电和充电（包括交直流）都是有预充过程的。

交流充电过程：VTOG 检测到交流充电枪插枪信号（插枪后，充电枪上的 CC 信号通过充电口传送给 VTOG），原理如图 5-2-23 所示。

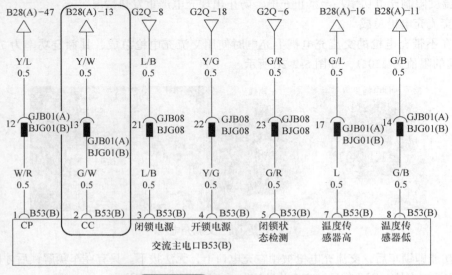

图 5-2-23　交流充电口原理图

项目 5 新能源汽车充电技术

VTOG将充电连接信号发送给BCM（车身控制模块，集成在仪表配电盒内部），如图5-2-24所示。

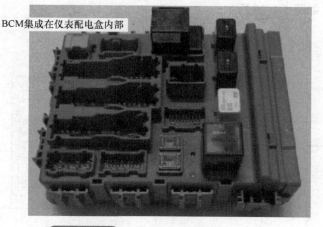

图 5-2-24 电连接信号发送给 BCM

BCM 控制 IG3 继电器吸合，给相关模块提供双路电源，双路电原理如图 5-2-25 所示。

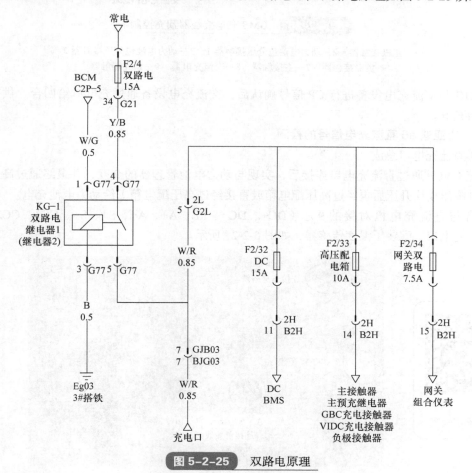

图 5-2-25 双路电原理

BMS 获得双路电后，检测到 VTOG 发送的交流充电连接信号（感应信号），并进行预充控制：先吸合预充接触器完成预充后，再吸合交流充电接触器，将动力电池包电压加载在 VTOG（OBC）的直流侧，如图 5-2-26 所示。

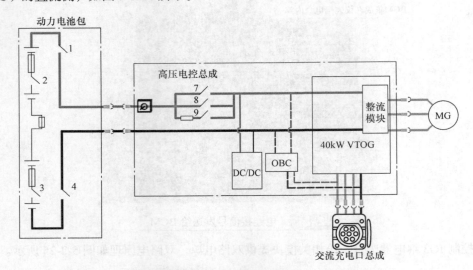

图 5-2-26　BMS 充电接触器预充控制

1—正极接触器　2—动力电池包分压接触器 1　3—动力电池包分压接触器 2
4—负极接触器　7—主接触器　8—交流充电器　9—预充接触器

VTOG 与交流充电设备进行 CP 信号确认后，交流充电设备通过充电口给四合一供交流电后，开始充电。

2.2　比亚迪 e5 直流充电信号的检测

（1）直流充电口总成

直流充电桩通过直流充电口连接后，实现与动力电池管理器的交互，并最终通过高压电控总成（升降压模块升压后再经过高压配电箱或直接经过高压配电箱）给动力电池充电。

除有与直流充电枪对接的 9 芯（DC+、DC-、PE、A+、A-、S+、S-、CC1、CC2）外，还在直流充电口上配装了温度传感器，如图 5-2-27 所示。

充电系统检测

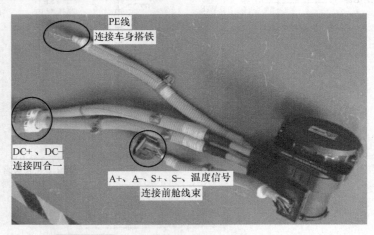

图 5-2-27　比亚迪 e5 直流充电口及高压导线

项目 5　新能源汽车充电技术

温度传感器用来监测直流充电过程中充电口的温升情况，如图 5-2-28 所示。监测到温度较高时，BMS 会根据具体温度限制充电功率甚至禁止充电，防止出现充电严重发热的情况。

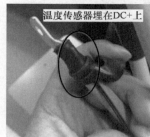
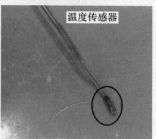

图 5-2-28　比亚迪 e5 直流充电温度传感器

（2）直流充电枪和接口总成

该设备的直流充电口上的 CC1 与 PE 之间阻值为 1kΩ，直流充电柜通过它确认是否已插枪，如图 5-2-29 所示。直流充电枪上的 CC2 与 PE 之间的阻值为 1kΩ，整车 BMS 通过它确认是否已插枪。

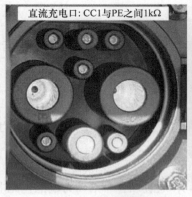
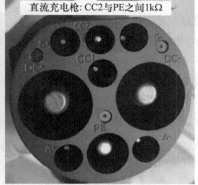

图 5-2-29　直流充电枪及充电接口

（3）直流充电控制流程

直流充电电路原理，如图 5-2-30 所示。

205

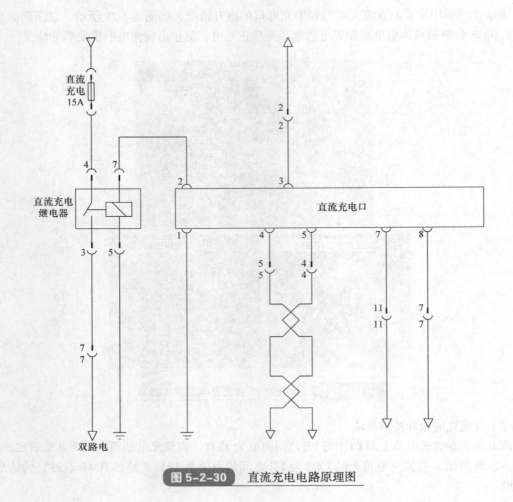

图 5-2-30 直流充电电路原理图

直流充电控制流程：

1）直流充电枪插入接口后，直流充电柜检测到充电口上的 CC1 信号，然后输出 12V 低压辅助电源（A+、A-）。

2）低压辅助电源直接供给 K3-1 直流充电继电器，该继电器吸合后，BMS、高压配电箱等获得双路电源。

3）BMS 检测到直流充电感应信号（即充电枪上的 CC2 信号）后，控制动力电池包给四合一充电系统预充。

4）BMS 与直流充电柜进行 CAN 交互。

5）直流充电柜输入高压直流电（DC+、DC-），通过四合一给动力电池包充电。

图 5-2-31 和图 5-2-32 所示分别为高压电控总成中不带升降压模块和带升降压模块的直流充电示意。

项目 5　新能源汽车充电技术

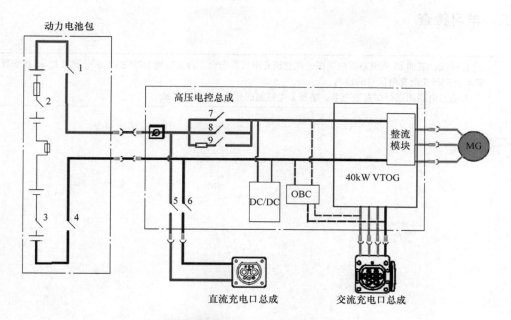

图 5-2-31　不带升降压模块直流充电

1—正极接触器　2—动力电池包分压接触器 1　3—动力电池包分压接触器 2
4—负极接触器 1　5—直流充电正极接触器　6—直流充电负极接触器　7—主接触器
8—交流充电接触器　9—预充接触器

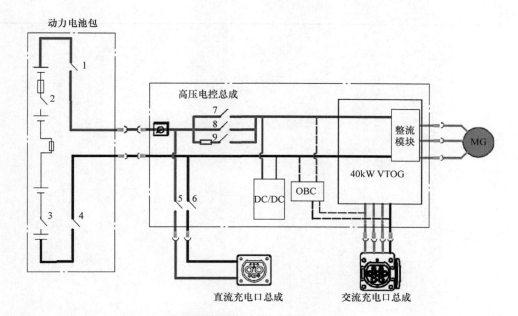

图 5-2-32　带升降压模块直流充电

1—正极接触器　2—动力电池包分压接触器 1　3—动力电池包分压接触器 2
4—负极接触器 1　5—直流充电正极接触器　6—直流充电负极接触器　7—主接触器
8—交流充电接触器　9—预充接触器

新能源汽车电气技术

五、学习检查

任务	1. 阅读比亚迪 e5 充电系统电路图，在交流充电桩实训台（行云新能 INW-EV-C5）、比亚迪 e5 教学版整车上进行交流充电信号的检测 2. 通过电路图进行交直流充电，高压上电控制的分析，并进行记录
笔记	

参考文献

[1] 郑军武，吴书龙.新能源汽车技术[M].长春：东北师范大学出版社，2016.

[2] 节能与新能源汽车技术路线图战略咨询委员会，中国汽车工程学会.节能与新能源汽车技术路线图[M].北京：机械工业出版社，2016.

[3] 王显廷.新能源汽车电气系统检修[M].北京：机械工业出版社，2016.

[4] 唐勇，王亮.新能源汽车电气技术[M].北京：人民交通出版社，2017.

读者沟通卡

一、申请课件

本书附赠教学课件供任课教师采用,可在机械工业出版社教育服务网(www.cmpedu.com)注册后免费下载;也可扫描二维码关注"爱车邦"微信订阅号获取课件。

爱车邦

免费下载 教学课件、学习视频、海量学习资料
➤ 扫描二维码,关注"**爱车邦**"
➤ 点击"粉丝互动"→"视频课件"

二、意见反馈和编写合作

联 系 人:谢元
电　　话:010-88379771
电子信箱:22625793@qq.com
地　　址:北京市西城区百万庄大街 22 号汽车分社
邮　　编:100037